リュウ・ブックス
アステ新書

RYU BOOKS ASTI

毎日が笑顔になる「ひとり老後」の始め方

＊出会う・学ぶ・楽しむ・元気になる

保坂 隆 監修

JN263059

はじめに

「人生の最後が幸せならば、たとえ、それまで不幸だったとしても、その人の人生は幸せなものに変わる」

マザー・テレサはこう語っている。

いま、ひとりで暮らしている人はおそらくかなりの確率で、いや、配偶者や連れ合い、愛する相手と一緒に暮らしている人だって、ほとんどの人が人生の最終ステージでは、ひとりで生きていくようになる。

マザー・テレサの言葉を借りれば、ひとり老後を幸せに過ごすことができれば、それまでの人生も含めて、人生は幸せ一色になるということだろうか。

平成二一年度の『高齢社会白書』によれば、日本では五人に一人が六五歳以上の高齢者で、そのうち二二・五パーセント、ほぼ四人に一人はひとり暮らしだという。

つまりひとり老後は、けっして例外的なものではないということだ。

現在、ひとり老後ではないという人も、どんなに仲のよい夫婦でも、同時に死を迎えることはまれなため、最後はどちらかがひとり老後を送ることになる。

また最近では、熟年離婚も増えているし、シングルのまま老後に突入する人もかなりの割合で増えているという。

ひとり老後を送る人は、さらに増える趨勢《すうせい》にある。それも、かなりの猛スピードで増え続けていると見ていいのではないだろうか。

だが、ひとり老後はけっして寂しく、不安ばかりの日々というわけではないことを知っておいてほしい。前書『「ひとり老後」の楽しみ方』（経済界）にも書いたが、ひとり老後を送っている人の四人のうち三人までが、「日常生活に満足している」と答えているという調査もあるくらいなのだ。

私の知人などは、「ひとり老後は三日やるとやめられない」と笑っている。なにより気楽で気まま、圧倒的なまでの解放感、自由を満喫できるところがたまらないそうだ。

だが、どんなものにも光と影の部分があるように、ひとり老後にも光と影がある。

のびやかで、かぎりなく風通しがいいところを光とするならば、体調を崩したり、気分が落ち込むようなときも、ひとりでなんとかしのいでいかなくてはならない。これが、影の部分ということになるだろう。

前出の『高齢社会白書』では、「老後に心の支えとなる人は誰か」を尋ねている。そして上位には、当然のように配偶者や子ども、孫があげられている。

だが現実は、配偶者に先立たれた多くの人が、子や孫がいかにアテにならないかを思い知らされている。だからといって、子や孫が冷たいというわけではないだろう。

欧米などでは以前から個人主義が確立されているが、日本でもようやく、親も子もそれぞれひとりの人間として、精神的にも経済的にも自立して生きていくのが当たり前という価値観が確立されてきたということなのではないだろうか。

ひと言でいえば、時代が変わってしまったのである。

子や孫たちの毎日も大変だという事情もあるだろう。国際競争にさらされて、日本の現状は、現在のシニア世代が現役だった時代より、格段にシビアなものになっている。正直なところ、自分の日々の生活を守っていくだけで精一杯という事情も察しなければならないだろう。

そんな子たちにとって、ひとり老後の親が日々を楽しみながら暮らしている姿は、なによりも安心できる。ひとり老後を楽しむ姿は、最大の子孝行といえるのである。

では、ときに寂しく、ときに心細い老後を支えているのは誰だろう。『高齢社会白書』の中の「心の支えとなるのは誰か」という問いでは、「親しい友人・知人」と答えている人も多いのだ。

あなたは、心の支えになるような友だちを持っているだろうか。

もちろん、片手の指で数えられるくらいなら、誰だって「イエス」と答えられるだろう。だが、老後の日々にはたくさんの友だちがほしい。

なにしろ、自由時間はたっぷりあるのだ。その時間を楽しむには、目的やシーン別にいろんな友だちがいれば、それだけ楽しさも広がるし、心強い。

旅行を一緒に楽しむ友だち、飲み友だちやグルメ友だち、一緒に勉強をするカルチャー友だち、ただ会っておしゃべりするだけでも楽しい友だち……。

こう考えてみると、それだけの友だちはいない、という人が大半ではないだろうか。

でも、心配するにはおよばない。だったら、いまから友だちをつくればいいだけの話である。

「婚活」が大流行だが、ひとり老後を迎えるならば、積極的に友だちづくり、つまり「友活」を展開することをすすめたい。

前書『「ひとり老後」の楽しみ方』はたくさんの方に手にとっていただいた。そして、明るく老後を楽しもうという提案に、多くのご賛同もいただいた。

続編の執筆をという企画が出たとき、迷わずテーマを「友活」と決めたのは、ひとり老後を充実させる鍵は、友だちの存在だと考えていたからである。

友だちは、ただ待っているだけではつくれない。まさに「友活」なのだ。

誰にも、友だちをつくろうという積極的な姿勢が求められる。また、せっかくできた友だちをつまらないことで失ってしまわないための配慮やマナーも求められる。

年をとると、人間は誰でもわがままになってくるから、若いとき以上に友だちに対する気づかいが求められると思っていたほうがいい。

本書では、ひとり老後をいっそう味わい深いものにしてくれる友だちとの交わり方を中心に、誰にでも訪れるひとり老後の日々を充実させる心構えも探ってみた。

喜劇王チャップリンは「人生に必要なものは、愛と勇気とサムマネー」といっている。たしかにサムマネーは必要だ。そして、それと同じくらい、あるいはそれ以上、大事な愛と勇気を湧き立たせてくれる「よき友の存在」が必要だと、私は信じている。

本書から、ひとり老後をいっそう充実させ、心豊かなものにする友活のヒントを一つでも二つでも得ていただければ、これ以上の喜びはない。

平成二二年一月

保坂　隆

毎日が笑顔になる「ひとり老後」の始め方 ●◎● もくじ

第一章 毎日が笑顔になる「ひとり老後」の始め方

――ひとりで過ごす老後のために必要なこと

第二章 「友活」で楽しむ幸せシニアライフ
――新しい出会いの探し方・つかみ方

第二章 なぜ、次々と友だちが増えるのか？

——相手がよって来る幸せを呼ぶしぐさ

第四章 〝ひとり老後〟友だちづき合いのタブー
——だから、あなたは嫌われる!?

第五章　幸せ元気《パワー》が大きくなる生き方

——相手の心をつかめるシニアになる！

編集協力◎幸運社／菅原佳子／友楽社

第一章

毎日が笑顔になる「ひとり老後」の始め方

——ひとりで過ごす老後のために必要なこと

◆ひとり暮らしの〝光〟と〝影〟

「おひとりさま」という言葉が大流行して以来、ひとり暮らしは断然、光る存在になってきた。なかには、ひとり暮らしのほうがかっこよく、意志的と見る風潮さえあるようだが、これはちょっと困った現象というべきではないか。

どんなものにも光が当たる部分があれば、その裏側は影になる。光と影は、ある意味、同じところから発している。だから、すべてのものに光と影がある。

こうした考え方ができる人こそ、大人として成熟した人ということができる。こうした人でなければ、ひとり暮らしを心豊かに堪能するのはむずかしいともいえるだろう。

では、まず、ひとり暮らしの光はなんだろうか。

第一にあげられるのは、かぎりなく自由ということだ。いつ、なにをしようが、どんな暮らし方をしようと、誰も口も手も出さない。同じ家に別の人間がいるわずらわしさがない。その人に気をつかう必要もないし、その人に振りまわされることもない。

だが、これらはひっくり返せば、同時にひとり暮らしの影になる。

かぎりない自由は、一方でかぎりないリスクと責任を背負っている。いつ、なにをしようと自由だが、うっかりうたた寝をしてしまったとしても、誰も毛布をかけてはくれない。風邪をひいてしまっても「自分の責任」と覚悟しておいたほうがいい。

同じ家に自分以外の誰もいないことは、たしかにわずらわしくないが、そのかわり、寂しさや空《むな》しさを背負い込む。

朝、起きたとき、「ああ、今日はいいお天気ねえ」といったり、食事どきに、「さて、今日はなにを食べたい気分?」と何気なく話しかけ、それに対して、「ああ、いい天気だねえ」とか「そうだなあ、今日は鍋がいいよ」というような、なんということのない返事が返ってくる。

こうした何気ない言葉のやりとりが、どれほど人の心を温かくし、やさしく包むものだったか。ひとり暮らしでは、それを強く思い知らされるのである。

だが、それを恐れるわけにはいかない。何度も繰り返すようだが、どんなものにも表と裏、光と影がある。いいところ、悪いところ、半分半分なのである。この世をつくった神様は、案外、公平なのである。

大事なのは、この光と影の法則をちゃんと知っておくことだ。そして、ある程度は覚悟しておくことも重要だろう。

その覚悟と自覚さえあれば、ひとり老後の日々を迎えるにあたり、浮かれることもなければ、必要以上におびえることもないはずだ。

◆脳に活力を与える「楽しみ力」を持つ

人を疲れさせる物事のうち、最大のものは「人間関係」だという。実際、仕事のストレスを分析すると、九割までは人間関係の悩みであることに驚く。

ひとり暮らしは、最大のストレスになるめんどうな人間関係がほとんどない。まして、ひとり老後となれば、仕事からも解放されて、気楽に暮らしているのだ。かぎりなくストレスのない日々といってもいいだろう。

だが、人間は複雑な生き物で、ほどほどであれば、ストレスはかえってやる気や張り合いを引き出してくれることが多い。実際に定年を迎え、仕事のストレスから解放されたとたんに力が抜けてしまい、その不安定感が新たなストレスになってしまったという笑えない話も少なくない。

そんな人たちを見ているうちに、私は、ある法則性に気がついた。

なんでもネガティブに考える人は、どんな状況になってもストレスを抱え込んでしまう傾向が大なのだ。反対に、なんでもポジティブに考える人は、どんな状況でもそこから楽しんで生きていく力があるという法則性である。

ストレスは、ストレスだと感じるからこそ、ストレスになってしまうといえる。

ある現象を「ああ、困った、どうしよう」とか、「つらいなあ」と感じてしまえばストレスになる。同じ現象を「でも、まあいいや。この部分だけ楽しんでしまおう」と考えることができれば、そこで初めてストレスフリーになれる。

よく例に引かれるように、コップに水が半分あるとき、「もう半分しかない」と考える人と、「まだ半分残っている」と考える人の違いである。ひとり老後であれば、預金の残高などが典型的な例になるだろう。

「もう……ない」と考える人は、数千万円あっても、「これではまともな有料老人ホームに入れない」と不安に思い、ストレス源になるだろう。一方、数百万円程度でも「年金もあるのだし、これだけあれば病気になっても、まあ大丈夫だろう」とのん気に考える人ならば、ストレスはかぎりなく低くなる、という具合である。

ストレスになるかどうかは、ひとり暮らしやひとり老後であるということではなく、それをどうとらえるか、その人の心のありようにかかっているのである。

日常生活から楽しみのタネをどんどん見つけ出せる力を、私は「楽しみ力」と名づけている。「楽しみ力」のある人は、ひとり暮らしだろうと、大家族の中で暮らしていようと、ストレスのない状態でいられる人だ。

こういう人は、いくつになっても前向きな姿勢を失わないから、なんにでも興味や関心を抱き、どんどん行動に移していく。その先では必ず人と出会うはずだから、結果的に友だちもどんどん増えていく。

最近の脳研究により、楽しく機嫌よく過ごしていると、脳の前頭葉が活性化することがわかってきた。

ストレスフリーからさらに進んで、「楽しみ力」を大いに発揮して生きるようになれれば、脳はいつまでも活力を失わない。

ひとり老後には、ひとり老後の楽しさがある。そうした楽しさの中で、年齢を重ねていくならば、ちょうどワインが熟成していくように、素晴らしい老後の世界が広がっていくに違いない。そのように考えられる人は、脳の若々しさを失わずに年齢を重ねて、人生の後半から終盤を、色とりどりの紅葉に彩られるように、素晴らしい季節に変えることができるのである。

◆自立なしにはひとり老後は送れない

いつかはひとりの老後になる。その日に備えてということもあるが、そうでなくても、人は誰でも基本的には自立して生きていきたいものだ。いや、いくべきではないだろうか。

自立するというと、生活費を自分で稼ぐことだけをイメージする人がいるが、それだけでは十分ではない。生活全般を一人でこなせる力を身につけること。それが、本当の意味の自立なのである。

たとえば、奥さんがいないと洗濯ひとつしないという男性もけっして少ないわけではない。アイロンがけができる男性は、もっと少ないのではないだろうか。季節の服の入れ替えも、面倒だが必要なことである。

洗濯なんて、洗濯機に放り込み、あとはスイッチを押すだけでいいんだろうと思い込んではいないだろうか。とんでもない。素材や形によって、洗剤や水流の強さを使い分ける。柔軟剤を入れたほうがいいもの、入れる必要がないもの。裏返して洗ったほうがいいもの。ネットに入れて洗うべきもの。手洗いのほうがいいもの……。洗濯方法はさまざまなのだ。

干すにもそれなりの技術が求められる。太陽にあてていいもの。陰干しにしなければならないもの。室内干しのほうがいいもの。手でパンパン叩いて、シワを取ってから干すもの。型崩れしないように、たいらに置いて干すもの……。

長年、奥さんに洗濯をまかせっきりにしていながら、「お前はいいなあ。家で掃除、洗濯するぐらいで、あとは昼寝でもしていればいいんだから」などといい放っていた男性は、このあたりでもう完敗だろう。

お風呂を洗う。玄関先を掃く。最近では、ゴミを分別し、それぞれ指定の日にちゃんと出すことも生活技術の一つになっている。

一方、こうした家事をこなしてきた主婦も、それまでは夫や子どもに寄りかかって生きてきて、精神的に自立できていない人が少なくない。専業主婦だった人ほど、勤務というものがいかに大変かを理解していない場合が多いが、それはいまさらいっても仕方がないだろう。

ただ、面倒なこと、力仕事などは〝オトコの仕事〟と思い込んではいないだろうか。

たとえば、DVDの録画や再生はできるけれど、録画したものをDVDにダビングするとなるともうお手上げ。高いところにある電球を換えるのも、天袋《てんぶくろ》にしまったものを取り出すのも、銀行などの手続き、税務関係の書類を書くのも、自分は手を出さないという女性はけっこう多い。

おたがいに助け、助けられて暮らしていくのが家族なのだから、それぞれが役割分担をしているのはいい。だが、できない状態のままにしておくことは感心しない。「やればできる」ぐらいの状態にしておかないと、いざ、ひとり老後になったときには、たちまち困ってしまうのである。

自立して日常生活を整えられるか。ひとり老後はまず、これが試されることを覚悟しておこう。

ただし、できないとしても心配はいらない。必要になれば、人は必ずそれなりにこなしていく、という能力を持ってもいる。

「なんとかなるさ！」の図太い神経も、ひとり老後には必要なのだ。

◆他人に依存しない生き方でつかむ新たな関係

自立した生活ができない人の多くは、知らず知らずに、他者依存の精神構造になっていることが多い。これは、家事をこなせるかどうか以上の重大問題だ。

飲食店に入っても、なにが食べたいのか自分では決められない。「あなたはなににするの?」とまわりに尋ねてから、「じゃあ、私もそれにするわ」といったりする。さらに、ひと口食べて、「あ、思ったような味じゃなかった。やっぱり○○にすればよかったわ」などといい出したりするのである。

自分自身で決めていないから、こんな無神経な態度をとれるのだろう。自分でいろいろなことをしている人は、他人に対する視線がやさしくなり、ふと口に出す言葉にもやさしさがにじみ出る。

ひとり老後になったときの人間関係は、若いときのような密接な関係とはまったく異なるものと考えよう。もたれ合うのではなく、それぞれが自立しながらも、一緒にいて温もり感を感じ合う、そんな関係がベストといえるだろう。

それぞれが長い自分自身の人生を生きてきているから、相手を全面的に受け入れることもむずかしければ、相手に一〇〇パーセント同化することもできにくくなっている。

まして友だちならば、相手も自分もそれぞれの領域を持っている。その領域は、たがいに不可侵なもの。でも一緒にいればそれなりに楽しい、という程度のつき合いがベストではないだろうか。

「君子の交わり、淡きこと、水のごとし」という言葉がある。ひとり老後の友だち関係も、あくまでも淡々としていることが原則だ。この原則が成立するためには、それぞれが自立し、ちゃんと自分の世界を持っていることである。

◆なんでも自分で決められることの清々《すがすが》しさ

思えば、これまでの人生は、しょっちゅう誰かにおうかがいをたてなければならなかった……。そう、しみじみ思うことはないだろうか。

長年、超ワンマンな夫と暮らしてきたある女性は、ひとりになったとき、自分がどんな食べ物が好きだったのかを忘れていたことに気づいたそうだ。

毎日、出勤前に夫に、「今日はなにがいいですか?」と尋ね、「刺身がいいな」といわれれば、肉屋さんでお買い得のステーキ肉を目にしても、迷わず魚屋さんに直行する。「今日は夕飯はいらない」といわれれば、子どもたちの好きな甘めのカレーをつくるという具合だった。

だが、子どもが巣立ち、夫が亡くなったいまは、毎日、自分の好きなものを好きな味付けで食べることができる。実は、この女性は関西出身なのだが、東北出身の夫に合わせて、ずっと塩味の強い味付けにしてきたそうだ。

最近は、朝からビールを飲んだり、ワインを小さなグラスで飲むこともある。ひとり晩酌はほとんど毎日だ。

夫がいたときは、こうはいかなかった。昭和一ケタ生まれの夫は、「女だてらに」という言葉が頭にこびりついているようなところがあったからだ。

いまは、旅行に行くのも自由。夫が残してくれた多少の蓄えと遺族年金だけが頼りの生活だが、それをどう配分して使おうが、誰に遠慮も気がねもいらない。自由であることには、これほどの価値があるのだとしみじみと思う。

仕事に出かけなくてもいい。子どもや夫のために、自分の気持ちをあとまわしにしなくていい。男性ならば、本当はこうしたいということがあっても、妻や子どもの顔を思い浮かべて自分を抑え、心にもない選択をする、というようなことも、もうしなくていい。なんでも自分で決められることは想像以上の快感であると気づくはずだ。ひとり老後とは、ある意味、人生で最高に幸福な時間といえるかもしれない。

◆別々の個室を希望する夫婦の真実

年をとったら、子ども夫婦とスープの冷めない距離に住んで、いざというときにはなにかと助けてもらおうという考え方は、すでに過去のものだと思っていたほうがいい。

ある住宅メーカーが、若いお嫁さんたちに「義母（お姑さん）との距離はどのくらいがいいか」と聞いたところ、平均は一〇〇キロメートルぐらい離れたところ、という答えが返ってきた。東京からならば、群馬・茨城・栃木・山梨あたりになる。

日帰りすればできないことはないが、けっこうきつい。だから、ふだんはあまり行き来はしない、という距離になるわけだ。

現代の子ども夫婦は、「スープを届ける気持ちは持っていない」と考えていたほうがいいということだろう。

一方、息子や娘夫婦との距離はどのくらいがいいか、と姑年代の人に聞いたところ、こちらの答えは、平均で二五キロ前後。快速電車で一時間強。東京駅からなら八王子や高尾あたりということになるだろうか。

親子の距離感の違いはそのまま、現代の親子関係がしだいに希薄《きはく》になりつつあることを物語っているといえるだろう。

では、夫婦間の精神的な距離はどうだろうか。これについても、ちょっと興味深い話がある。

最近、「生活のすべてを自分でまかなうことがしんどい」と感じはじめた高齢者を対象にした高専賃が注目されている。高専賃というのは、高齢者専用賃貸住宅の略だ。

その名のとおり、原則として六〇歳以上の高齢者限定。部屋はもちろん個室で、ミニキッチンやバス、洗濯機置き場なども個別に設置されている。有料老人ホームとは異なり、あくまでも賃貸住宅なので、自分の部屋で、自分の好きなように暮らしていい。

たとえば、外出するときもフロントに断る必要はないし、訪問者も二四時間、誰に断る必要もなく、直接、居住者の部屋を訪れ、泊まっていくことも自由にできる。

食事や洗濯、掃除などは自分でやってもいいし、面倒ならば、食事サービス、洗濯サービスなどの依頼もできる。介護が必要になったら、在宅で介護を受けるのと同じように、介護保険のサポートで介護を受けながら、住み続けることができるというシステムになっている。

こうした高専賃をすでに三〇棟以上つくっている高齢者事業の会社の場合、最初のうちは、夫婦で高専賃に入居する人のための「夫婦部屋」を用意していた。だが、最近は全戸一人用の個室設計に変えてしまった。

もちろん、夫婦で入居するという例もあるそうだが、そのほとんどが夫婦部屋を希望しない。それぞれ個室に入居し、食事や散歩など、気が向いたときだけ一緒に行動するという暮らし方を選ぶそうだ。

これを見ても、「老後こそ、ひとりで自分が好きなように、のびのびと暮らしたい」と願う気持ちが強くなることがわかるだろう。

配偶者が健在でも、そうでなくても、子どもがいてもいなくても、ひとり老後をさわやかに生きていこうと考えていたほうが、心が波立つことが少ない。

それは、けっして寂しいことでも空しいことでもない。人は本来、ひとりで生まれ、ひとりで死んでいくものなのだ。そして、つねにひとりであることを受けとめなければ、夫婦や親子、友だちなど、自分を支えてくれるまわりの人々の存在が、どれほどありがたいか、心にしみることもないだろう。

人間は本来ひとりであると気づくことは、まわりの人を大事に思う気持ちにつながっていくものといえる。

◆「しばらくのんびりしてから……」が命取り

どんな仕事でも、半分以上は忍耐だといったら、「いや、一に忍耐、二に忍耐、三、四がなくて五に忍耐だよ」といわれたことがある。

そんな忍耐の連続の仕事から、晴れて解放されるのが定年退職だ。「ああ、明日からはラッシュにもまれなくていいんだ」と思っただけで、帰り道はスキップしたいような気分になるだろう。

あるいは、配偶者を看病していたが、看病のかいもなく、ついに旅立たれてしまった……。こんなふうにして、ひとり老後を迎えた人の中には、「とにかく、しばらくのんびりしてから……」と考える人が多いようだ。

だが、人間のエネルギーはいったん出力を弱めてしまうと、もとに戻すのは、弱めてしまった期間の倍、いや、三倍も四倍もかかると思っていたほうがいい。

たとえば、足を骨折して一か月間ベッドの上で寝たきりの生活をしたとしよう。一か月後にギブスをはずすと、わが目を疑うはずだ。一か月間足を使わなかっただけで、足の筋肉は見るも無残に落ちてしまっている。これをもとどおりにするには、半年から一年ほどのリハビリが必要になるだろう。

心のパワーダウンもリハビリと同じようなものだ。「しばらくのんびりしてから……」という気持ちもわかるが、できるだけ早く新たな目標を見つけて、家から出る暮らしを始めるほうがいい。

まだやりたいことが見つからないなら、とりあえず電車に乗って、図書館通いを始めてみてはどうだろう。

わざわざ「電車に乗って」と断ったのは、近くの図書館に通うのでは、サンダルばきにトレーナーというような、かまわない身なりで出かけることに慣れてしまうのを心配してである。

「人は見た目で大きく変わる」という。見た目とは、顔やスタイルもあるが、それ以上に、自分の見た目にどれだけ気をつけているかが、「見た目」の印象を決定づけることを忘れてはいけない。

「定年退職の挨拶状」を見たとか、配偶者を亡くしたことを案じて、久しく会っていなかった友だちが電話をくれたり、気晴らしでもいかがと誘い出そうとしてくれることもあるだろう。

そんなときも、「もう少し落ち着いてから」などと答えないことだ。「ありがとう。私のほうはいつでも大丈夫。そちらの都合がいいのはいつ？」と、すぐに約束を成立させよう。

家を出ることをめんどうがらない。これが、ひとり老後を充実させられるかどうかのポイントになる。

仕事をしているときは「家を出ると七人の敵がいる」などといったものだ。だが、アフターリタイアメントの日々には、もう敵はいない。

「家を出ると七人の友がいる」という状態を目指したいものだ。

◆老いを自然に受け入れるしなやかさ

いつまでも若い気持ちを持つことは素晴らしい。若さにチャレンジする前向きの姿勢は、見る人に勇気や力を与えることがある。だが、若さを保とうと思えば思うほど、不自然になることにも気づいてほしい。

Yさんは、人もうらやむようなひとり老後を送っている。年金のほかに、親が残してくれた財産があり、経済的にかなりのゆとりがある。

定年を迎え、もてあますほどの自由時間を手に入れたYさんは、これまではなかなか休暇がとれずに参加をあきらめていた世界秘境めぐりに夢中になった。

秘境の旅の多くは、一〇日や二週間など、長期のものが多い。在勤中はさすがにそんな長期の休暇がとれず、行きたい気持ちを抑えていたのだ。

ヒマラヤの中腹まで行ったり、南米の突端まで行って氷河が海に崩れ落ちる瞬間を見たり、キリマンジャロに登ったり……。

最近は、こうした旅にも年配者の参加が増えている。だが、たいていの年配者は年齢相応のコースを選ぶようにしているはずだ。

ところがYさんは、ことさら健脚向きのハードなコースを好んで選ぶ。そのほうがメンバーに若者が多く、若者から元気がもらえるというのである。

そのかわり、というわけではないが、懐に余裕のあるYさんは、旅先でメンバーたちにごちそうする機会も多く、けっこう人気者になって、ひとり悦に入っていた。

だが、案の定というべきか、キリマンジャロの健脚コースに挑んだところ、ついにギブアップしてしまい、一緒に登ったメンバーまでが途中下山する羽目になってしまった。年寄りの冷や水ということになってしまったのである。

いつまでも若く、という気持ちは大いに買いたい。だが、体力はよほど鍛練を積んでいないかぎり、正直に年齢を表すものだということも肝に銘じておきたい。

老いはみっともないものでも否定すべきものでもない。シワがより、足腰が衰え、目が遠くなり、と厄介なことも多い。だが、それらは自然現象なのである。

足腰が衰えるから、年をとるときつい労働からはずれてもいいことになるのではないだろうか。目が遠くなれば、相手の顔のシワもよく見えないから、おたがいに好都合ともいえるだろう。

老いは自然現象なのだから、いたずらに抵抗しないで、素直に受け入れるしなやかさを持つようにしたいものだ。

女性なら若々しいのは大いにけっこうだが、若く見せたい一念からか、派手なメイクや年甲斐もないファッションをすると、かえって本当の年齢が浮き立ち、目立ってしまうことが多い。

若さにいたずらにこだわる姿勢は、かえって心の老いを印象づける。それが人を遠ざけてしまうこともあるだろう。

◆老後は利害関係のない絶好の機会

仕事の競合関係やさまざまなしがらみから解放されるシニア時代は、ある意味で、人生で初めて訪れた、友だちづくりの絶好の機会ともいえるだろう。

学生時代には、どうしても友だちの成績が気になったものだし、社会人時代には、気がつくと、友人と仕事上のライバルになっていることもあった。友だちの肩書が自分より立派だったりすると、微妙な気おくれを感じることもあっただろう。

だが、ひとり老後を送るころになれば、みな、ただのおじいさん、おばあさんだ。もちろん、それぞれの生活環境には違いがあるが、そこは亀の甲より年の甲。「人は人、自分は自分」と割り切るぐらいの分別は身につけている。

QさんとJさんは学生時代、テニス部で同じ釜の飯を食った仲だ。就職先は、かたや繊維関係、かたや化学企業とまったくくちがったが、卒業して十数年は、ときどき連絡を取り合って、ちょっと一杯やっていた。

「仕事の悩みをあけっぴろげに話せるのは、やっぱりコイツだな」と、どちらもそう思ういい関係が続いていたのだが、一〇年、二〇年たつうちに、それぞれの企業の事業内容が微妙にオーバーラップするようになっていった。

Qさんの勤務先の繊維企業は、その後、化学分野をどんどん強化し、いまでは事業展開は主に化学事業になっている。

こうなると、微妙な競合関係が反映され、おたがいの仕事の話をするときには、以前のように気を許すことができなくなる。そんなことから、気がつくと、「ちょっと一杯」の間隔はどんどん長くなっていった。

だがある日、Qさんのもとに、Jさんから定年退職したという挨拶状が舞い込んだ。「ああ、あいつも退職したんだなあ」と思うQさんも、少し前に定年を迎えていた。

もう特別に気をつかう必要はないんだ。そう思ったQさんは、すぐにJさんとコンタクトを取り、さっそく久しぶりの一杯をやることにした。そして、それ以来、いまでは隔週ぐらいに「ちょっと一杯」をやるようになっている。昔の関係が復活したのである。

この二人の例ではないが、老後になれば、おたがいの関係に利害関係や価値観がかかわってくる可能性が少なくなる。考えようによっては、老後ほど「友活」にベストな時期はないといえるのかもしれない。

◆肯定から始まる友だちづくり

元○○というこだわりをきっぱり捨てて、現在、現役時代には想像したことさえなかったような日々を充実して送っているのがIさんだ。

Iさんはシルバー人材センターに登録して、地域の家から依頼される植木の手入れや草むしりといった作業をしているが、現役時代は学校の教員だった。

たいていの教員は試験を受けて、教頭、校長と出世の階段を上がっていくが、Iさんがやりたかったことは、あくまでも生徒とじかに接して教えること。最後まで、現役の教員にこだわっていた。

だが定年後は、教育関係の仕事からはきっぱりと離れてしまった。実は、ぜひ塾の講師にという話があったので、ある日、塾に出かけてみたところ、塾の講師のユニークで、子どもたちを引きつける教え方に驚いてしまったのだ。塾の子どもたちは、学校にいるときよりもキラキラした目をしているように見えた。

Iさんも自分の教え方には自信を持っていたが、それは塾向きとはいえない。だからといって、自分に、塾で行なわれているような教え方ができるだろうか。自問自答した結果、出てきた答えはNOだった。その答えに、Iさんはかえってすっきり心が定まったという。

「定年ということは、これまでの仕事に区切りをつけなさいという天からの声だ。そう思うことにしたんです」

しかし、仕事をしない日々を過ごすうちに、心も体も、なんだかどんより濁っていくような、不気味な不安感にとらわれるようになった。

そこで思い立ったのが、シルバー人材センターで仕事をすることだったというわけだ。植木の技術は、人材センターで講習を受けて身につけた。それから数年、いまではIさん指名の仕事も増えてきて、お盆や年末近くになると、スケジュール調整に苦労するほどの人気ぶりだ。

行く先々で、仕事のあとにお茶を飲みながら、数分程度のおしゃべりをしてくるのだが、それがなんとも楽しい。もちろん、友だちというほどの関係ではないが、季節ごとにうかがううちに、すっかりおなじみになった人も少なくない。

もともと植木いじりは好きだったというが、日中はほどよく体を動かし、おしゃべりを大いに楽しんでいるという。

実はIさんは、ひとり老後を送るひとりだ。若いころに離婚を経験。子どもは元妻が育て、数年前に結婚。結婚式には参列し、親の感動も十分に味わった。

定年を自然体で受けとめたことから開かれた、現在の心のバランスのとれた日々。今日もIさんは、愛用の自転車に植木道具一式を積んで、さっそうと出かけていくのである。

◆不安はふくらみ始めると増殖する

「ひとり暮らしなんですよ」と年をとった人がいうと、反射的に「心細いでしょう?」と聞く人が多い。不思議でならないことだ。

実は、ある程度年をとれば、人生、怖いものなどほとんどなくなってしまうものだということを、案外知らないらしい。

病気になったらどうしよう。要介護状態になったら、寝たきりになったら……と、どんどん不安をふくらませて、不安におびえる日々を過ごしているのだとしたら、これほどムダなことはない。

もちろん、最小限度の備えはあるにこしたことはないが、そうなったら、そうなったときのこと。貧しい国になってしまったけれど、日本はまだ困ったときのセーフティーネットはなんとか張りめぐらされている。

いま元気ならば、その元気な日々を充実させて生きていこう。そう考えているほうがずっと楽しいだろう。

不安材料ばかり並べて嘆いていると、この先、まだまだ残されている人生すべてが、暗い雲に包まれたように思えてしまうのではないだろうか。

もちろん、不安に対して必要な備えができれば、それにこしたことはないといいたい。だが、不安はさらなる不安を招く傾向があるから、不安にとらわれているかぎり、どんな備えをしても、これで絶対に安心とはならない。そう腹をくくってしまったほうがいい。

ひとり老後を心地よく過ごすためには、ある程度、成り行きまかせも必要なのだ。

◆「助けてください」と自分から声を出す

ひとり老後には、精神的にも生活的にも自立していることが大事だと書いたが、その一方では、「ひとりでなんでもできます！」と肩に力を入れすぎないことも大事である。

ふだん、隣近所の人と顔を合わせたときなど、話の流れで、ひとり老後であることを開示したら、ひと言、「ひとり暮らしなものですから、なにかとよろしくお願いします」と添えておくようにしよう。

もちろん、これは単なる挨拶だ。そういったからといって、人を頼りにして暮らしなさいというわけではない。

ただ、なにがなんでもひとりでやっていくぞと歯をくいしばっている様子は、はた目にもゆとりがない。大丈夫かしらと気づかいながらも、めったなことでは手を出せないと、いわば金縛り状態になってしまいがちなのである。

あるテレビドラマで、こんなシーンがあった。失明した教師のストーリーだ。病気のため視力を失った主人公は、どうしても教職に復帰したいとがんばり、理解ある校長のはからいで、ふたたび教壇に立った。

目が見えなくても健常な教師にひけはとらないぞと、彼は本当にがんばり抜く。だが、いくらがんばっても、ひとりではできないことがたくさんあった。

しかし、彼はけっして他の人の力を借りようとはしなかった。そのため、いつまでたってもできないことはできないまま。それがかえって生徒や他の教員の迷惑になっていることに気がつかない……。

ある日、彼にこう忠告する人があった。同じように失明した人だったが、彼は実に気楽そうに、肩の力を抜いて生きている。その彼が、教師にこういうのだ。

「できないことは、助けてくださいといえばいいんです。きっと誰かが手を貸してくれます」

この言葉で教師は目からウロコが落ち、翌日、教員室に入ると、すぐに他の教員たちに頭を下げていった。

「私には、できないことがたくさんあります。どうか助けてください。お願いします」

このひと言で、教員室の緊張した雰囲気はグンとやわらいだのだ。タイムレコーダーはここにある。あなたのカードは上から何番目などと教えてもらい、初めてタイムカードを自分の手で押すことができた……。

この話は多くの示唆を含んでいる。人は誰でも、本当は困っている人を助けたい気持ちを持っている。その気持ちをシャットアウトしているのは、むしろ助けを必要としている人の場合もある。

困ったときには「困っている」、助けがほしいときには「ちょっと手伝ってください」と、自分から声を出せば、きっと誰かが手を貸してくれるはずだ。そして、その手から新しい友だちづき合いが始まることも多いのではないだろうか。

かたくなな態度はすべてを硬直させてしまう。それを心に刻んでおこう。

◆女やもめには花が咲き、男やもめには……

ひとり老後を生き生きと楽しんでいるのは、圧倒的に女性が多い。奥さんに先立たれた男性は、なんとなく肩を落とし、ぼんやりとした表情をしているように思えてならない。

女性は料理や洗濯などの家事に困らないからだ、という声もあるが、どうもそれだけとは思えない。家事能力に関するかぎり、最近は、女性でも不慣れな人が増えているからだ。とくにキャリアレディの間には、「片づけられない症候群」という奇妙な病気が蔓延《まんえん》しているという。

だから、男性女性を問わず、部屋が散らかっている人には、部屋が散らかっているかぎり友だちは増えませんよ、といいたい。

林真理子《はやしまりこ》さんの小説に、たしか、こんなシーンがあった。

主人公は、いつまでたっても彼ができずに悩んでいる女性。けっしてモテないわけではない。いつでも、かなりいいところまではいくのである。だが、デートですっかり盛り上がり、彼が耳元で囁《ささや》く。

「今日はこのまま帰りたくない気分になっちゃった。キミの部屋に寄ってもいい?」

彼女のほうも、気分はすっかり整っている。だが、

「ダメ。今日は勘弁して」

実は、部屋の中がしっちゃかめっちゃかで、一〇〇年の恋も冷めるに決まっているという状態なのだ。

こんな調子だから、彼女はいつまでたっても恋を加速できないまま。そのうちに「お高くとまるんじゃないよ」などと、愛想づかしをされてしまうのだった……。

同じようなことから、老後の友だちづくりがとどこおっている人はいないだろうか。

仕事から解放される年齢になると、時間はふんだんにあるけれど、お金は堅実に使わなければ、という人が増えてくる。

コミュニティセンターの集まりのあとなど、「もう少しおしゃべりを楽しみたいなあ」という気分になったとしても、喫茶店でお茶とケーキはちょっともったいないと思えてしまうのだ。

ちょっとした喫茶店でお茶とケーキを頼んだりすれば、二〇〇〇円でお釣り、ということだって珍しくない世の中だ。そのうえ、喫茶店のケーキはそれほどおいしくないことも

ある。だったら、評判のパティシエのお店のケーキを買って、仲間の家に行き、心ゆくまでおしゃべりを楽しみたいというのも当然だ。

こんなとき、期待はひとり老後の人に集まる。家族のいない家ならば、訪れるほうも気がねがないからだ。

こういう場合、「ぜひ、うちへどうぞ」とさらりといえれば、あなたの好感度はグンと跳ね上がる。こうしたことを繰り返して、だんだん友だちは増えていくものなのである。

そんな可能性も意識して、部屋はなるべくこざっぱりと片づけておく習慣をつけるといい。いや、最初は少しやっかいな気がしても、どんどん人を自宅に招き入れたほうがいい。

そうすれば、イヤでも部屋を片づけるようになる。トイレの掃除もサボらないようになるはずだ。

こうして男やもめにも友情の花が咲くようになる可能性は、断然大きくなるだろう。

いつも室内をこざっぱりと片づけて暮らすことを覚えると、その心地よさは格別と思えるようになる。

◆家事代行サービスは「老い」のコストと考える

ひとり老後を過ごしているある女性は、月に二度の割合で、シルバー人材センターの家事代行サービスなどを利用して、台所や風呂場などの掃除を依頼している。お掃除代行サービス会社ほど徹底的な掃除というわけにはいかないが、それでもなかなかていねいに掃除をしてくれ、料金は一回二〇〇〇円でお釣りがくる程度だそうだ。

これで、つい汚れをためがちな台所や風呂場の掃除が行き届いていれば、あとは、日々使った食器を洗うだけだし、風呂場はシャワーを使って軽く洗い流しておくぐらいで、いつもきれいに暮らせる。

かぎられた年金暮らしだが、あまり掃除好きではなくても、こざっぱり暮らすコストだと考えれば、けっして高いとは思わないと語っている。

男性のひとり老後だと、料理はともかく、買い物がうまくできないという人も多い。つい買いすぎてしまったり、肉は買ったけれど、肝心の焼き肉のタレを買い忘れて帰ってきてしまったなど、しょっちゅう失敗をしている。

また、自分の好きなものに目がいくから、結果的に同じようなものばかりが続くようになり、栄養のバランスも気にかかる。

以前、俳優の仲代達矢《なかだいたつや》さんの日々を追うドキュメンタリー番組を見た。仲代さんの奥さんの宮崎恭子《みやざきやすこ》さんは、脚本家として、また無名塾の運営など、仕事上も欠かすことができないパートナーだった。

その奥さんを失ってから十数年、ずっとひとり暮らしを続けている。一九三二年生まれというから、七〇代も後半で、立派なひとり老後である。

弟子もたくさんいるのだから、身辺の世話は弟子の役割かと思っていたが、そうではなく、プライベートな部分はひとりでやっているようだった。あるいは、弟子と一緒に過ごすことが多い暮らしの中で、あえてプライベートな暮らしの部分は、弟子の手を借りずにやって、自分の時間を確保するようにしているのかもしれない。

食事は自炊。ただし、毎日メニューを組んで、半加工した食材を送り届ける宅配サービスを利用しているという。食材さえあれば、あとは簡単に煮たり、焼いたり、炒めたり。

電子レンジでチンするだけのメニューも多いそうで、食事の支度は超カンタン。これで栄養バランスが偏《かたよ》る心配もなくなり、一石二鳥というわけだ。

仲代さんは糖尿病ではないのだが、カロリーコントロールしている糖尿病メニューを取り寄せているそうだ。太らないための工夫である。

疲れたら、短い距離でもタクシーを利用する。買い物が重くなってしまったら、数百円程度の料金を惜しまずに、配達サービスを依頼する。家事代行サービスを利用したり、宅配食材を利用する……。はっきりいえば、これらは老いのコストなのである。

年をとるとお金がかかるな、とネガティブに考えてはいけない。お金を払えば、老いて力が足りなくなった部分もちゃんと補える。なんと便利な世の中になったのだろう、と考えれば、配達サービスは本当にありがたいと思えてくる。

問題は、このような考え方ができるかどうかだ。若いときとは発想の転換ができるかどうか。脳がどのくらい柔軟性を持っているか。これが、ひとり老後をしなやかに乗り切っていくための最大のポイントになるはずだ。

◆悩みは「念を継がず」に解消する

最近は脳トレが大ブーム。頭は使えば使うほど、脳力がアップする。とくに高齢者は積極的に頭を使うようにしよう、という声が高い。

ある人からこんな話を聞き、驚いたことがある。八二歳になる父親が骨折して入院したそうだが、医師が家族にこういったというのだ。

「お父さんに、できるだけ心配事を話してください。あれこれ考えることがないと、どうしても頭がボケやすくなってしまいますから」

たしかに、脳はできるだけ使ったほうが活性化するのは事実である。だが、それと心配事を思い悩むのとは次元が違う。ただでさえ人は時間があると、クヨクヨ考えるものだ。過去のことを思い返し、なぜ、あのとき、あんな選択をしてしまったのかと悩む。あるいは、これから先のことに思いをはせて、ああでもない、こうでもないと悩む。

悩みが新たな悩みにつながっていく傾向も強い。あのとき、こっちの選択をしたから、現在の苦境がある。だが、こっちのほうがいいだろうとアドバイスをくれたのは同僚の○

○だった。そういえば、○○とはしばらく連絡をとっていないが、いまごろどうしているんだろう。要領のいい○○のことだ。自分だけ楽々と暮らしているのだろう……。

このように、次から次へと考えを広げていくことを「念を継ぐ」というが、禅では、この「念を継ぐ」ことを戒《いまし》めるように教えている。

靴下などに穴があいた状態を思い浮かべてみよう。最初は楊枝の先でつついた程度の穴だったのに、あれこれいじりまわしているうちに穴が広がっていき、しまいには繕《つくろ》いようがなくなってしまう。

悩みもそれと同じで、次々に悩みのタネを広げていくと、しまいには頭の中が悩みでいっぱいになり、そこから抜け出すことができなくなってしまう。これがひどくなると、うつになったりもするわけだ。

骨折で入院中のお父さんのボケ予防なら、人気のゲームを届け、孫とゲームで勝負する、というような方法のほうがずっといいはずだ。人は誰にでも負けず嫌いなところがあるから、孫に軽く負けたりすると、たっぷりあるヒマな時間に夢中になって練習するだろう。そうすれば脳はどんどん活性化され、ボケる心配は遠くなるだろう。

ところが、人間は本来、あれこれ思い悩む生き物だから、念を継がないことはけっこうむずかしい。それどころか、ものを思い浮かべないこともむずかしい。

禅の名僧は、「もの思わざるは仏の稽古なり」という言葉を残しているが、俗人は、ついいろいろなことを考えてしまう。そこから脱することこそ、仏の道の修行だということである。

だが、年をとることはありがたい。すぐに眠くなるという特典が与えられるのだから。ヒマな時間はなにも思わず、考えず、うとうとと寝てしまえばいいのである。

昔から「寝るは極楽」という。たっぷり昼寝をとったあと、夕方の散歩にでも出かけてみよう。気持ちと体力に余裕があるから、知り合いに出会っても上機嫌で立ち話ができるだろう。

上機嫌に振る舞うこと。実は、これがひとり老後の「友活」では、もっとも大事な要件の一つなのである。

第二章

「友活」で楽しむ幸せシニアライフ

――新しい出会いの探し方・つかみ方

◆「泣いた赤鬼」が友活の元祖!?

人はもちろん、鬼だって、楽しく暮らしていくには友だちが必要だということを描いた作品が、浜田廣介《はまだひろすけ》作の『ないたあかおに』（偕成社）だ。

——とある山里に、一人の赤鬼が住んでいた。赤鬼は村人と友だちになりたいと思っていた。そこで、家の前に「心のやさしい鬼の家です。どなたでもおいでください。おいしいお菓子がございます。お茶もわかしてあります」と書いた看板を立てた。

だが、村人たちは誰ひとり、遊びにきてくれなかった。

赤鬼は怒って看板を引き抜くと、悲しみにくれていた。そこに友だちの青鬼が訪《たず》ねてきたので、赤鬼がこのことを話すと、青鬼はあるアイデアを思いつく。それは、青鬼が村に出かけて行き、大暴れする。そこに赤鬼がやってきて、青鬼をやっつける。そうすれば、村人も赤鬼がやさしい鬼だとわかってくれるだろう、というものだった。

それでは青鬼に悪いと赤鬼はためらったが、青鬼は強引にこのアイデアを実行に移したのだった。

青鬼の読みどおり、作戦は大成功。おかげで村人は赤鬼の家に遊びにきてくれるようになり、友だちがたくさんできた。赤鬼は毎日、充実した日々を送るようになっていた。

だが、赤鬼には気になることが一つあった。あれ以来、青鬼が訪ねてこないのだ。

そこである日、青鬼の家に行ってみると、玄関が固く閉ざされ、戸に紙が張ってある。

その紙にはこうあった。

「赤鬼くん。どうか、村人たちと仲よく、楽しく暮らしてください。もし、ぼくがこのままここにいて、君とつき合っていると、やっぱり赤鬼も悪い鬼の仲間だったんだと思われてしまうかもしれません。そこで、ぼくは旅に出ることにしました。どうか、体を大事にしてください。

どこまでも君の友だち　青鬼」

赤鬼は繰り返し、その紙を読み、涙を流し続けていた……。

この話は、積極的な「友活」をしないとなかなか友だちができないこと。そして同時に、友活を成功させた裏にあった友情の素晴らしさを語ってあまりあるだろう。

ひとり老後には、光と影があることは前の章でお話しした。その光をいっそう輝かせ、影を薄くしてくれるのは、友だちの存在だと思う。

そして、友だちは、黙って家の中に閉じこもっているだけでは、自然にできるものではない。まずは、積極的行動を始めよう。

たとえば、いまの友だちから輪を広げていく「友活」もあるだろう。いまの友だちは、友だちづくりの貴重なタネだと考えていいと思う。

ところで、作者の浜田廣介は、赤鬼が泣き崩れたところで話を終わらせているが、これでは青鬼がかわいそうだと、話の続きを考えてくれた人もある。

やがて青鬼は旅から帰ってくる。いまではすっかり村人に信頼されるようになっていた赤鬼は、ことのしだいを村人に話す。こうしていまでは青鬼も村人と友だちになり、みなで楽しくお菓子を食べたり、お茶を飲んだりするようになったというのだ。

友活と友情のお話としては、たしかにこんなハッピーエンドも望ましいといえそうだ。

◆怠け者に幸せはやって来ない

赤鬼ではないが、心の中では「友だちがほしい」と切望していながら、なかなか友だちができないという人は少なくない。

だが、友だちが少ない人には共通した特長があるのではないか。

自分から人に声をかけない。自分から話題を提供することがなく、いつも黙ってうなずいている。自分から行動しようとしない。誘われてもノッていかない……。

要は、人間関係に関して怠け者なのではないか。

長い人生経験は、「すべての結果は自分が招いたものだ」と教えているのではないだろうか。人間関係も同じだ。長年生きてきたのに友だちが少ないのは、これまで友だちづくりや友だちとの交わりを怠ってきたツケと考えるべきだろう。

現役時代には、いろいろなパーティに顔を出す機会もあっただろう。ビュッフェパーティなら、会場内を自由に歩きまわり、さまざまな人と話し合って知り合いになれる。いうならば、人間関係づくりのきっかけを提供する場でもあったはずだ。

それなのに、知り合いとばかりしゃべり、あとはローストビーフや寿司をパクつくばかり。一方では、次々といろんな人と名刺を交換しては、なにやら話し込んでいる人がいる。少なくとも人間関係づくりにおいては、後者に分があることはいうまでもないだろう。

友だちは、自分から一歩踏み出し、努力しなければできないものだということを、もう一度、心に刻み込んでおこう。

しかもシニアになると、学生時代や会社に通っていたころとは違って、毎日イヤでも顔を合わせる仲間がいない。これまでは学校や職場などで、なんとか友だちができたものだが、これからは、「友だちをつくるぞ」「積極的に人間関係を太くしていくぞ」と決意しなければ、友だちが増える機会はないのである。

赤鬼のように、家の前に看板を立てるわけにはいかないが、友だちがほしいなら、そのくらいの積極的活動をする気持ちが必要ということだ。

これは、知人のお母さんの例だ。夫が亡くなったあと、ひとり暮らしを始めたその方は、隣町に八〇代で大学を出た方がいると聞き、その家を訪ねたそうだ。

知人のお母さんも大正生まれで四年制大学卒。そして、本当のことをいうと、近所の奥さんどうしのおしゃべりなどくだらないと、内心ちょっと見下すような思いを持っているようだった。

知人のお母さんは、初対面の相手に向かって、こういったという。

「私とお友だちになっていただけませんか。一緒にお芝居を見に行ったり、展覧会を見に行ったりするお仲間がほしいと思っているんです。奥さまならば、きっとお話が合うと思いまして……」

この積極的な友活は大成功で、以後、二人は連れだって歌舞伎見物に出かけたり、博物館に出かけたり、おたがいの家を行き来してお茶を飲むなど、楽しいおつき合いを続けているそうだ。

「おとなしいだけの母だと思っていたんですが、あんがい行動的だったんですね」と知人も驚いているが、一緒に出かける友だちを得て、お母さんはさらに行動的になり、最近は小旅行なども一緒に楽しんでいるという。

◆「知り合い」を一瞬で「友だち」に変えるひと言

「私、友だちには恵まれているの。〃友だち大尽《だいじん》〃と自称しているくらいよ」とWさん。

一方Uさんは、「私は、友だちといえるような人はほとんどいないの」と、寂しそうな表情を浮かべる。

もし、あなたがUさんタイプだったら、本当に友だちが少ないのか、ちょっと検証してみよう。

よくよく聞いてみると、Wさんは幼なじみの話をするとき、「子どものときからよく知っているんだ」というい方をするし、仕事仲間なら、「前にね、一緒に仕事をしたことがある友だちなの」といったりする。出会ったばかりの人でも、「このあいだ、知り合ってね。友だちになったんだ」というのである。

Wさんのように考えれば、友だちがいないとか、少ないという人はめったにいないということになるのではないだろうか。

「いい方を変えただけの話で、実態は変わらないじゃないか」

Uさんタイプの人は、きっとこう反論するに決まっている。でも、だまされたと思って、知り合いの人を心の中で「友だち」と呼んでみよう。

学校時代の知り合いなら、大学時代の同級生といわずに「大学時代の友だち」と呼ぶ。同僚も「仕事上の知り合い」ではなく、「会社の友だち」といってみる。

すると、不思議なことが起こる。心の中で「友だち」と呼ぶと、それまでその人に対して持っていたイメージが変わるのだ。

「友だち」と呼んだその瞬間に、相手は知り合いから友だちにシフトチェンジする。そして、あなたの中では、それまでよりずっと親しい気持ちが湧いてくる……。

友活に大事なことは、知り合った人を友だちだと認定することなのだとわかるだろう。友だちだと思い込んでいれば、次に相手に出会ったとき、向ける笑顔が違ってくるはずである。話す口調や内容もこれまでより、ずっと親しみを込めたものになるのではないだろうか。

こうした態度をとられて、うれしくない人はいない。きっと相手も、友だちに向ける笑顔を返してくれることだろう。親しげに話をしてくれるように変わるはずだ。

とにかく、相手を「友だち」と呼んだところから、友活が始まるのではないだろうか。

これは、言葉だけの問題ではない。認知と知覚の関係を考察する認知心理学という学問があるが、たとえば、こんな実験がある。

被験者に紙に描いたマルを見せ、それがなにに見えるか質問する。ノーヒントなら、被験者はマルを見て、太陽、車輪、お金など、いろんな答えを口にする。だが、「リンゴの形を見せます」といって同じマルを見せると、被験者は一〇人中一〇人が、ただのマルを「リンゴ」と認識する、というのだ。

同じような心理は、知り合ったばかりの人を、友だちと呼んでみる場合にも働くはずだ。相手をどう呼ぶか。これはけっこう大事なことなのだ。

ひとり老後にいたるまでには、これまで、いろんな人との出会いがあった。その中から、たとえば、年賀状を交換しているぐらいの知り合いを「友だち」と呼んでみよう。たったそれだけで、自分には何人もの「友だち」がいることが実感できるはずだ。

◆ひとりに多くを求めない

はた目にもうらやましくなるような、ひとり老後を楽しんでいる人は一〇〇パーセント、友だちに恵まれている人だ。よい友だちの存在は、自然にその人の生き方にもよい影響を与えるのである。

友だちは、鏡のような存在だとも思う。よい友だちづき合いをしている人は、自分自身の生き方やライフスタイルもしだいに良質なものになってくるからだ。「友活」という「合わせ鏡」を通して、自分も友だちも、どんどん磨かれていくわけである。

たくさんのよい友だちをつくる最大の秘訣は、ひとりの友だちに多くを求めすぎないことだ。ときどきランチを一緒にする友。音楽会に一緒に行く友。ドライブ好きで、気軽に運転手をかって出てくれる友。人恋しいときに、ただ静かに一緒のときを過ごしてくれる友。ジムで一緒に汗を流す友……。

一〇代のころは、友だちといえば、なにからなにまでわかり合い、恋人どうしのように相手のすべてを知りたいと思ったものだ。最近の若い人も、たえずメールを交換しあい、いまなにをしているところと、連絡し合うことによって、おたがいの関係を確認し合っているようなつき合いをしていることが多い。

だが、年齢を重ねてからの友だちは、なにか一つ接点があればいい、と考えたほうがいいのではないだろうか。

もともと、人はそれぞれ十分すぎるほど個性的で、個別の存在なのである。長年、生きてきた経験から、それはもうイヤというほどわかっているはずだ。

いつもべったり一緒にいたり、なにをするにも一緒というような仲は、シニアの友だち関係ではいささかうっとうしくなりそうだ。むしろ、接点が一つあれば十分だと考えているくらいのほうが、誰とでも広く友だちになれるのではないだろうか。

共通の一点以外は、あとは少々気が合わなくても気にしない。気が合わないところは、つき合わなければいいだけの話だからだ。

なにか一つを共有したり、共感する友だちがたくさんいれば、ひとり老後の日々は十分、満たされるはずだといえないだろうか。

◆食わず嫌いは損をする

いい年をして人見知りもないものだといいたいが、でも、人と打ちとけやすい人と、そうでない人がいるのは事実だ。その違いは、初めて出会った人をどう判断するかで、ほとんど決まってしまうようだ。

人なつっこい人は、人を受け入れるハードルが低いのである。人は話してみなければ、あるいは、つき合ってみなければ、自分に合うかどうかわからないと鷹揚《おうよう》に考え、初対面の印象や相手の雰囲気だけで、「この人とは合いそうもない」と線引きしてしまうことをしないのだ。

一方、なかなか人と打ちとけようとしない人は、初対面の印象や先入観で、「この人は冷たそう」とか「なんだか神経質な人みたい」などと、最初からガードを設け、相手を受け入れようとしないのだ。

食べ物を例にあげてみれば、その違いはもっとわかりやすい。好き嫌いの多い人は、一度も食べたことがないものを「嫌いだ」と決めつけてしまっている。「見た目が嫌い」「なんとなくなんだけど、でも大嫌い」などというのである。

ウニやナマコなどはたしかに、見た目にハンデがあるといえそうだ。だが、ひと口、口に入れると、そのおいしさに驚くものは、この世の中にたくさんある。

生牡蛎《がき》も、最初に食べた人の勇気を讃えたくなる食べ物だ。いったいどんなきっかけで、あんな不気味な生き物を口にしたのだろう、といいたくなるくらいである。そのお陰で、いまでは世界中の人が、その美味を堪能している。

フランス料理ではカタツムリ（エスカルゴ）も食べれば、子牛の脳を煮込んで食べたりもする。こうした見た目では少々無理というものの中にも、天下の美味があることを忘れてはならない。

対人関係も同様だ。第一印象は、必ずしもその人の本質を伝えるものではないことも少なくないのである。

これまでの人生経験で、見た目は強面《こわもて》の人が、実は誰よりもやさしい人だったと、教えてくれてはいなかっただろうか。

豊富な人生経験を持つひとり老後の友活では、相手の食わず嫌いは、もうやめよう。出会いはすでに、ご縁の始まりなのである。二度三度と話す機会を持つうちに、初対面の印象とは大違い。けっこうウマが合う人だったというように発展していくことは、けっして少なくないはずだ。

昔、苦手だった人ともどんどん会ってみたほうがよい。ときを経れば、人は変わるものだからだ。長い人生の間のいろんな経験はダテじゃない。どの人も昔の印象のままではないし、昔よりずっと深いものを持っている。

「アイツも変わったな」と思ったら、その苦手イメージに現在、抱いたイメージを上書きしてしまおう。これで、苦手イメージは一掃される。

相手が変わるように、自分自身ももちろん、変わっているはずだ。もしかしたら、「自分は人見知りだ」という思い込みも、すでに過去のものになっているのではないだろうか。

友だちがほしい。心底、そう思うようになっていること自体、すでに人見知りだった過去の自分から脱皮したといえるのではないだろうか。

◆年賀状は「旧友」からの招待状

いい友だちづき合いができるようになると、自分自身の生き方やライフスタイルもしだいに良質なものになってくる。友活という「合わせ鏡」のおかげで、自分もどんどん磨かれていくわけである。

ひとり老後の暮らしは、どうしても生活が単調になりがちだ。どうがんばっても、ひとりでは興味や関心は、そうそう広がっていかない。ひとりでつくねんと過ごしていると、毎日が味気なく、色あせたものに感じられる。

そんなとき、月に何回かでも友だちと小半日、楽しく過ごす機会があると、ほかの日までいきいき輝いてくるから不思議なものだ。友だちと過ごした楽しかった時間の余韻や、次に会える日の期待が心を温めるからだろう。

ひとり老後には、友だちはいくらたくさんいても、多すぎるということはない。老若男女、年齢も性別も関係なし。縁があった人とはどんどんつき合いを深めていこう。

若いころとちがって、異性とも、ラブラブだの、好きだの嫌いだのというような恋愛感情とは関係なく、つき合えるのも喜ばしいことだ。「ナントカは灰になるまで」というように、ときに恋愛感情に近いものが芽生えたとしても、おたがい、もしひとり同士なら、なんの問題も障害もないだろう。

ところで、そうしたつき合いのきっかけはどうしたらいいのか？

さしあたって、昔の友だちを掘り起こすことから始めるという方法がある。たとえば、年賀状を送ってくれた人の誰かに、電話をしてみるのである。

「いつも年賀状、ありがとう。でも、最後にお目にかかったのは、いつでしたっけ」などと始めれば、話は自然にほぐれていく。

だてに年齢を重ねてきたわけじゃない。相手も懐かしがっているかどうか、ひと言、ふた言、話せばわかってくる。これは脈がないなと思ったら、適当なところで電話を切ればいいだけの話だ。

何人かに電話しているうちに、相手も友だち関係を温め直したいと思っているということが、ひたひたと伝わってくる人に出会えることだろう。

「おう、懐かしいなあ。元気そうだな。いま、どうしている？」などと、ひとしきり話がはずんだところで、「声を聞いていたら、なんだか顔を見たくなっちゃったよ」などと切り出す。こんな展開になったら、「そのうちに」などといわず、「こちらもそんな気分だ。さっそく会わないか」と、話を具体的なアポイントメントにもっていってしまおう。

今度とそのうちは、ないのと同じ。本当に会うことは、ほとんどないのではなかろうか。

相手も、すぐには決めにくいから、社交辞令で「そのうち会おうよ」といったのだとわかっていても、そこは押し切って、日時や場所を決めてしまえばいいのだ。

実際に会えば、話はまったく変わってくるはずだ。必ず「やっぱり会ってみてよかった」となるものだと断言しよう。

実際に会ってみれば、人間の存在感とは、そのくらい濃厚で圧倒的なものだと、おたがいにわかることだろう。

友だちをつくる、友だちを増やすための早道は、億劫《おっくう》がらず、どんどん人に会い続けることなのだ。

◆ご近所友だちをつくることの大切さ

「遠くの親戚より、近くの他人」

昔、質屋の看板に、こんな言葉が書いてあった。

いざというとき助けてくれるのは、距離も気持ちも遠い人ではない。最近はあまり聞かなくなった言葉だが、むしろ現代のほうが、この言葉は重みを増している。

失ってみて、初めてその価値がわかることがある。「近所づき合い」はその一つだ。昔は近所にひとり暮らしの人がいれば、隣近所の人がなにかと気にかけてくれた。体調を崩して寝込んでいるらしいと、誰彼がおかゆを届けたり、自分の家の惣菜を小分けにし、そっと届けたりしたものだった。

「困ったときはおたがいさま。遠慮なんかなしだよ」という言葉が、ありがたく響いた。

しかし現在は、「隣はなにをする人ぞ」。マンション住まいだと、隣の人の顔もよく知らないことだってある。

ひとり老後には、たしかにこれだと少々心細い。初めからあてにしているわけではないが、なにかあったときには、やはり誰かに支えてもらいたい。ひとり老後にとってそれは、近くにいる友だちである。

友だちもいろいろである。故郷に行くたびに飲み明かす幼なじみもいれば、学生時代の悪友もいる。仕事上のつき合いから発展し、定年後もつき合い続け、いまでは大親友という間柄などなど。

こうした友だちも欠かせないのだが、ひとり老後ではそのほかに、ぜひ、ご近所友だちがほしい。ご近所とは、歩いて行ける距離だ。自転車で数分、タクシーならワンメーターというところだろうか。

誰だって、日々暮らしていれば、いろんなことが起こるものだ。ひとり老後だと、病気で倒れたらを、まず考えるが、そのほかにだって、空き巣に入られた、鍵を落として家に入れない、と心配の種は尽きない。

そんなとき、すぐに駆けつけてくれる友だちがいれば、心強いことだろう。親しい友だちでも遠くに住んでいる友だちは、いくらその気持ちがあっても、すぐに駆けつけることはできないのだ。なにかがあったときに連絡すれば、三〇分かせいぜい一時間以内に、駆けつけてくれるような友だちを、おたがいのためにも持っていたい。

◆「書を捨てよ、町へ出よう」

最近の区立や市立図書館の閲覧席は、開館と同時に満席になってしまうそうだ。かつては受験生の姿が目立ったが、いまや閲覧席の平均年齢はぐっと上がった。定年族、シニア層があっという間に、席を占《し》めてしまうからである。

これまでは仕事や子育てで、好きな本を読む時間がゆっくりとれなかった。こうした人たちが思いきり読書にひたっている姿は、はた目からみてもうれしい。

とはいうものの、図書館通いが日課だというような人は、ちょっと考え直したほうがいいかもしれない。図書館は原則として私語厳禁。つまり、友活にはもっとも適さないところなのだ。たとえ顔見知りになったところで、そこから会話がはずむことはあまり期待できない。

「書を捨てよ、町へ出よう」

これは、一九六〇~七〇年代に活躍した詩人・寺山《てらやま》修司《しゅうじ》の評論集のタイトルである（角川文庫）。

寺山さんは、本を読んだだけでは、生きるということの本質はわからない。町へ出て、人々の生業《なりわい》をその目で見て実感し、町で人々と積極的に交わって生きていこう。人生の本質は、こうした体感から得られるものだ、といっているのだろう。

この言葉はそのまま、シニアの友活にあてはまる。ひとり老後には、地域の友だちがいたほうがいい。いや、地域の友だちは欠かせない。

しかし、願っているだけでは、友だちはつくれない。とにかく町へ出て、人とふれあう機会を増やすことが肝要なのである。

もちろん、図書館通いも町に出るきっかけではある。Nさんは、自動車メーカーの開発グループの一員として、定年まで毎日、新車の開発に追われる仕事人生を送った。だが、大学進学のときは、理工系よりも文系に強く心を引かれていた。だからサラリーマン時代に、いつか時間ができたら、心理学を基本から勉強してみたいという夢を静かに温め続けていた。

Nさんにとっては、定年は文字どおり、第二の人生への出発点だった。いずれまた大学で勉強したいと考えていて、とりあえず近くの図書館に通い、心理学関係の本を読み始めた。長年、持ち続けてきた興味だけに、読めば読むほど心理学の奥深い世界に引き込まれていく。

とはいっても、さすがに長時間、本を読み続けているとけっこう疲れる。

Nさんは、現在ひとり暮らし。家に帰っても待っているのは、趣味で飼っている熱帯魚だけ。なので図書館の帰りに、駅近くの小料理屋に立ち寄り、夕食をかねて軽く飲んでいくことが、これまた日課のようになっていった。

ある日、その店で、どこかで見た顔に出会った。思い出してみると、その人も図書館通いの常連ではないか。

相手も、Nさんの顔を見覚えていたようで、やがて、どちらからともなしに隣に座るような関係になり、気がついたら、すっかりよい飲み友だちになっていたというわけだ。

Nさんは、家を出て図書館に出かけたからこそ、同じ境遇の人と出会えたわけである。

とにかく、町に出よう。これは、友活の第一歩なのである。

◆「地域デビュー」は老後の重要な儀式

子どもを育てたことのある人なら、その子の「公園デビュー」を思い出してみよう。子どもが大きくなり、そろそろ親以外の人とのふれあいが必要なころになると、近くの公園に連れていく。そこで、同じような年ごろの子どもを見つけて、その子か付き添いのお母さんに、まず、こう声をかけたはずだ。

「この子、名前はミウちゃんっていうの。一緒に遊んでくれる?」

たいていは「うん、いいよ」という跳ね返るような元気な答えが返ってきて、交渉成立。まだ、よく口がきけない年齢ならば、その子のお母さんにも同じように、「今日、初めて公園にきてみたんです。よろしくお願いします」と声をかける……。

シニアの地域デビューも、原則はまったく同じである。

出かけていく先は、公園だけでなく、地域のコミュニティセンターなどが手近でいい。自治体が発行している情報紙などに、地域活動の案内が掲載されているはずだ。もちろん地域にもよるが、最近はどこの自治体もこうした活動には力を入れているから、予想をはるかに上回る地域活動が展開されていることが多い。

たとえば、東京郊外のある市で開かれている教室をリストアップしてみると、英会話、中国語、韓国語などの語学サークルから、日本史の勉強会、源氏物語を読むなどの文系もあれば、ヨガ、気功、太極拳、リズム体操などの体育会系の教室もある。

さらに、変わったところを取りあげれば、「五〇歳からの声の練習」「手描き友禅教室」「わらべ歌で遊ぼう」「時事フランス語会話」「暮らしと家計の勉強会」……。

開催場所は、地域のコミュニティセンターや公民館。放課後の小学校などで開かれている場合もある。会費は五〇〇円とか一〇〇〇円程度。ほかにテキストなどの実費が必要な場合もあるが、いずれにしても、そう大きく財布の負担になる金額ではない。

まずは、これらの中から興味がある活動を選び、一回出かけてみよう。「見学歓迎」と書いてあるなら、会費の必要もなく、活動内容やおよその雰囲気を味わうことができる。

大事なのは、家を出るとき「参加するかどうか」態度保留のまま出かけるのではなく、とにかく「参加してみよう」と、あくまでも参加を前提に出かけることだ。

態度保留だと、どうしても活動内容を吟味するとか、雰囲気が自分に合うかどうかをチェックするだけになってしまう。ささやかな地域活動に、ケチは誰でもつけられる。そして、最初にケチをつけたら、そこで万事がストップしてしまう。

いちばんの目的は、仲間に入れてもらうことである。

初日には、最低でも誰か一人に声をかけてみよう。「この講座、いかがですか?」など、話しかけるきっかけなら、こと欠かないはずだ。

◆人見知りでも友だちを増やせる法

最低でも誰か一人に声をかけるといわれても、自分から話しかけるのは苦手という人は、地域の情報紙や会報などから、参加者の少なそうなイベントを選んで参加するとよい。

たとえば、鉢植え講習や盆栽、自分で印章をつくる「篆刻《てんこく》」などはいかがだろうか。

参加者が少ないイベントでは、新しい参加者は貴重なので、すぐに目をとめてもらえる。

初回にみんなの前で自己紹介をすることになったり、端の席に座っていれば「初めてですか」と、誰かが声をかけてくれる。

こうした「消極的な参加」からでも、一人か二人でも知り合いができると、しだいに友活にも慣れてくる。半年もたてば、けっこう友だちが増えているはずだ。

また、自治体ではときどきバス旅行などを主催している。市役所前などに集合し、桜やもみじの名所まで往復して、参加費は自治体の補助があるから、一般のバス旅行より安い。

家でひとりでぼんやりしているより、こうしたバス旅行に参加してみることもおすすめだ。往復のバスの中や観光先で過ごす時間なら、初めての人とでも自然な会話を交わすことができる。

意気投合して、その日のうちに友だちになり、バスを降りてから「二次会」ということもあるだろう。

一般のバス旅行やツアーでも、近ごろは「おひとり様、参加歓迎」と書いてあるものが増えてきた。旅先なら、「カメラのシャッターを押しましょうか?」などと話しかけるきっかけはいろいろある。そこから自然に友だちになっていくというわけだ。

友だちになるときのコツは、相手もそれを望んでいるか、そのあたりの空気を読むこと。なかには根っからの人嫌いという人もいる。なんとなく拒絶的な空気が伝わってきたら、それ以上、しつこくしないことだ。

◆効果てきめん！「イヌ友だち」をつくる

ご近所づき合いの新しいカテゴリーに、「イヌ友だち」というのがある。近くの公園や「ドッグラン」は、イヌの散歩に出かけてくる人たちのちょっとした集会場になっている。

イヌは出会うと、すぐに相手の臭いをかぎまわる。飼い主どうしも自然に言葉を交わすようになる。散歩の時間はだいたい決まっていることが多いので、飼い主もだいたい同じ顔ぶれになり、自然に交流が始まるというわけだ。

ひとり老後を送るTさんは、健康のために毎朝、近くの公園を大きく一周するウォーキングを始めた。すると、朝の公園にはイヌ連れの人が多いことに気がついた。

公園を出たところには、コーヒーとマフィンサンドなどが手頃な価格で食べられるティールームがある。そこもイヌ連れのお客を意識してか、店の入り口にウッドデッキがあり、イヌを連れたお客が数名ずつテーブルを囲んで、大きな笑い声を立てている。

「私もイヌがいれば、あの仲間に入れるかもしれない」

そう思ったTさんは、思い立ったが吉日と、すぐにペットショップで、中型犬の子イヌを買い求めた。イヌの飼い方の本を参考に、まず首輪をつけたり、リードをつける訓練をし、最初のうちは家のまわりを一回りするぐらい。公園デビューができたのは、一か月ほどたったころだった。

イヌ連れの効果はてきめん。さっそく同じ犬種を連れている人が話しかけてきた。

「あら、まだ子イヌね。三か月ぐらい？　かわいいわねぇ。うちのコにもこういう時期があったのよねえ」

見れば、その人が連れているイヌは、けっこう年齢がいっているようだった。

「何歳なんですか？」

「うちのコ、もう九歳になるの。人間なら、そろそろ定年っていうところね」

愉快そうに大きな笑い声を立てたので、思わずTさんも吹き出し、これでいっぺんに友好ムードになったという。

毎日通ううちに、例のティールームの仲間入りもすることができるようになり、話題もイヌのことばかりではなく、いろいろ楽しむようになっている。

ただし、「イヌ友だち」づくりを始めるときには、次の二つの点に気をつけよう。

一つは、最近はペットといっても家族同然、わが子同然に可愛がっている人がほとんどだということ。相手が連れているイヌについて、悪口に聞こえるようなことは絶対に口にしない。

「あら、ちょっとメタボじゃない？」とか「あらあら、こんなところでウンチなんて」などは禁句である。そのことは飼い主だって、もちろんよくわかっている。でも、実際に人にはいわれたくないのだ。

もう一つは、イヌやネコなどペットを飼い始めるときは、そのペットが死ぬまで、自分で、ちゃんと面倒をみることができるか、十分考えてからにすること。

最近はイヌもネコも長寿時代になってきて、なかには一六～一八年生きることも珍しくない。自分の現在の年齢にその年数を足してみて、そのころでも毎日、散歩に連れていけるか。また、ペットに介護が必要になったとき、自分の力でペットの世話ができるかどうか。しっかり見極めをつけてから飼うようにすること。

シニアになってからイヌを飼い始めるならば、自分の加齢も考えて、大型犬は避けるほうがよいだろう。大型犬を散歩させるには、相応の体力が必要である。高齢になると、イヌの力のほうが勝ってしまい、もてあますようになる可能性があるからである。

◆公民館や地域講座は出会いの宝庫！

Hさんは、つい先年まで広告関係の会社で事務の仕事をしていた。クリエーターではなかったが、職場には時代の先端をいく話題が飛び交い、ほかの人よりは一歩進んだ世界に生きているような錯覚を持っていた。

自分はそういう職場にいた人間だ。地域の公民館で行なわれているローカルな、それも主婦ばかりの（と勝手に思い込んでいた）クラブ活動のようなカルチャー教室など、ばかばかしくて、と思っていたところがないとはいえない。

だが、ある日、公民館の前を通りかかったとき、なぜかその日にかぎって、ふと中に入りたくなった。

公民館は図書館の近くにあり、これまでもその前を通ったことはあったのだが、それまでは中に入ったことはなかった。

中に入って驚いた。壁に実にいろんな活動への参加を呼びかけるチラシが貼ってある。

「源氏物語を読みませんか」「万葉集の草花研究」「吊るし雛をつくる会」「禅の言葉を一緒

に読む会」……。

最近になって、禅の本を読み、大いに興味を持っていたHさんは、「禅の言葉を一緒に読む会」の貼り紙の前で足が釘づけになった。「こういう会なら参加してみたいな」と、素直に心が動いたのだった。

係の人に聞いてみると、壁に貼ってある勉強会は、いうならば自主的な集まりで、公民館の部屋を借りて、それぞれのメンバーが好きに集まり、勉強したり楽しんだりしているそうだ。

そして、係の人が世話人の連絡先を教えてくれた。Hさんはさっそく連絡を取り、次の集まりの日を待ちかねるようにして出かけていった。

公民館に出かけるようになると、そこには、こうした勉強会以外にも、さまざまなイベント情報が集まってくることに気がついた。

どこどこでバザーがある。不要なものがあったら寄付してほしいというようなことから、「ナイトウォーク」といって、有志が地域をウォーキングするという集まりがあることも新発見だった。このウォーキングは、夜のパトロールも兼ねている。

退職後、運動量が減ってしまったHさんは、前々からウォーキングをしたいという気持ちを持っていた。だが、低血圧ぎみなので、朝のウォーキングはちょっと厳しい。かといって、昼間のウォーキングは一日の時間を中断されてしまうような気がして、時間的にもったいない。

残る時間は夜ということになる。しかし、さすがに夜のひとり歩きは物騒な気がしていたのだ。渡りに船と、ナイトウォーキングに参加するようになると、すぐ何人もの人と親しくなった。

夜八時、市役所前の大きなケヤキの木の下に集まり、何人かのグループに分かれて、それぞれ担当のエリアを一時間ほど歩くのだが、歩いている間にもいろいろ話をすることが多く、メンバーとの距離は一気に縮まっていくのである。

「禅の言葉の勉強会」の仲間とも、ときどき近郊の禅寺などにミニ旅行に出かけるようになり、ふらりと公民館に足を踏み入れた日から半年ほどの間に、Hさんの手帳はこうした勉強会や催しものの予定で、ほぼ満杯になっていった。

催しものごとに出会いがあり、Hさんの友だちリストもみるみるふくらんでいく。なかにはめっぽう気の合う人もできてきた。

公民館や地域の勉強会は、出会いの場としても、積極的にアクセスしてみよう。今度、それらの前を通りかかったら、ぜひのぞいてみることをおすすめしたい。

◆シニアだけじゃない! 若者と友だちになる

「スカベンジャー」という言葉をご存じだろうか。もともとは、ゴミを拾う人を意味する言葉だった。

だが最近では、スカベンジャーは、海や山などのゴミを拾って、環境を美しくする人という意味に使われ、ボランティア活動の一環として人気を集めている。

登山家の野口健《のぐちけん》さんが、富士山がゴミの山であると発言し、富士山のゴミ拾い活動を実行していることは、よく知られている。富士山が世界遺産に認定されない理由は、あまりにゴミが多いからだともいう。たしかに山麓《さんろく》に広がる樹海は、一歩足を踏み入れると、不法投棄の産業廃棄物だらけだそうだ。

野口さんの呼びかけに応じて、毎年夏の二日間、ボランティアが集まって、富士山一帯のスカベンジ作業を行なっているという。一〇年間の地道な作業の成果で、最近では五合目から上では、ほとんどゴミを見かけることがなくなったそうだ。樹海の産業廃棄物も激減したというから喜ばしい。

ちなみに野口さんの話によると、ヒマラヤの山麓もゴミだらけなのだそうだ。各国の登山隊が使用ずみのものを盛大に残していくからだ。なかでももっとも多いのが、日本語表示のついたゴミだというから恥ずかしい。

こうしたニュースを耳にしていたPさんは、前々からこの富士山のスカベンジ作業に関心を持っていた。だが、夏場だけの行事だ。その年はすでに終了していたので、インターネットを検索して、千葉県のある海岸で、連休の一日、誰でも参加OKのスカベンジイベント、つまりゴミ拾いして、海岸をきれいにするボランティア活動が行なわれるのを知って、出かけていった。

ひとり老後だから、気楽なものだ。通行料が引き下げられた東京湾アクアラインを使って、快適なドライブを楽しんで海岸に到着すると、すでに海岸には数十人の人が集まっていた。それから昼ご飯の時間をふくめて数時間、日が傾くまで片手にゴミ袋、片手に軍手を二重にはめて、ゴミ拾いに夢中になった。

千葉の海岸なのに、落ちているゴミは中国語あり、韓国語あり。どこの言葉なのか、P

さんには読み取れないような文字のゴミも混じっている。あらためて、海は世界中につながっているのだと実感した。

驚くほど大量のゴミを拾って、海岸はきれいによみがえった。それだけでPさんは、心の底から爽快感を味わった。

だが、この日のハイライトはその後に訪れた。夕日が水平線に沈むころ、海岸に大きなたき火が設けられ、燃えるゴミをどんどん放り込んで燃やしたのだ。その火を囲んで、スカベンジャー仲間とビールをぐいと飲む（車で来てしまったPさんは、ビールは飲めなかったのだが）。そして、おたがいに一日の労をねぎらいあう。

その顔は男女、年齢さまざまで、Pさんも息子よりも若い年代の人と向き合い、大いにしゃべり、大いに笑った。

こんな若い人と話をするのは久しぶりだなあ。こういう機会をもっと持ちたいものだなあ……。するとPさんの心の中のつぶやきが聞こえたのだろうか。

近くにいた青年が、「次は○○日、今度は××海岸でゴミ拾いをやるんです。また、ぜひ、参加してください」と声をかけてくれた。

こうしたきっかけで知り合った若い友人が自然に増えていき、いまでは東京でもときどき、飲み会を開くようになっている。暑気ばらいと忘年会はPさんの自宅を開放し、二〇〇〇円程度の会費を徴収。多少、足りない分はPさんが補って、飲み放題、食べ放題の集まりも持っている。

ひとり老後の友活だからといって、友だちはシニアでなければいけないというわけではない。

いまどきの若者もそう捨てたものではない。進路の相談や彼氏・彼女との交際の悩みなど、まじめな会話も多いのだ。

若い友人たちも人生の大先輩であるPさんに心を開き、いい関係が続いている。

◆近くにいる友だち予備軍を逃さない

Sさんは五〇代に入ってすぐに夫をなくし、子どもがいなかったことから、ひとり暮らしをすることに。アラセブ（アラウンド七〇）になったいまでは、押しも押されぬひとり老後暮らしの達人だ。

夫に先立たれた直後は、ずいぶん心細く思ったものだが、最近では、まだ夫と暮らしている友人を見るたびに、ひとりの気楽な暮らしに感謝しているという。アラセブともなると、もちろん夫の自立度にもよるが、夫の世話に辟易《へきえき》していることも多いからだ。

それにしても、Sさんが寂しいとか、心細いとあまり感じなくなり、ひとり老後を謳歌《おうか》できるようになったのには、きっかけがあった。

Sさんが住むマンションは、夫婦が三〇代のころに購入した物件だから、すでに築三〇年余。大型修理を二度も繰り返した老骨マンションだ。だが、日本が豊かさを謳歌していた時代の建物なので、しっかりとしたつくりだ。大手デベロッパーの物件であることが幸いして、管理も行き届いており、建物の堅牢《けんろう》度は問題なし。

ひいき目に見れば、古さがいい味を出しているといえなくもない。Sさんは、このマンションでの暮らしをけっこう気に入っていた。

さらに、「なにより気にいっているのは、住人も十分古いこと」と、Sさんはちょっとお茶目な表情を浮かべる。

数年前の二回目の大型修理のとき、フロアごとに代表者を選出し、委員会を設立したのだが、このときSさんは、くじ引きで代表者に当たってしまい、くじ運の悪さを嘆いたものだった。

だが、いま振り返ると、このくじは幸運を引き当てたのだと、代表者になったことを大感謝しているそうだ。それはまず、代表者同士がすっかり親しい間柄になったことだ。

代表者たちは、大型修理の間、毎月一、二回、顔を合わせて修理計画や予算配分、工程管理などについて、とことん話し合った。そして、話し合いの後は誰いうともなく、ビールで一杯ということに。

そうなれば、自然に個人的な話にも発展する。同じ趣味を持つ人を発見したり、妙に気が合う人に出会ったり。一年がかりの大型修理が終わったときには、代表者たちは「お疲れさま」の一泊温泉旅行に出かけるほど、強固な人間関係になっていた。

それ以後も、代表者はときどき飲み会を開くようになったのだが、それぞれが同じマンション内の親しい人を連れてきたりする。

こうして思いがけず、同じマンション内に友だち感覚でつき合える人が一気に増えていったのである。

マンション友だちのよいところは、だいたい同じような年齢層であること。定年までにローンを返済したいという理由から、購入時の年齢は同じ範囲にかぎられてくるからだ。

また、収入からマンションの購入予算はほぼ絞られるから、生活レベルもだいたい同じくらいの人が集まる。

逆にいえば、マンションの分譲価格で住む人の収入はだいたいある範囲に絞られる。最初にSさんが「住人も十分古い」と笑ったように、築三〇年余というこのマンションでは、現在、居住者の大半は定年退職組となっている。ひとり老後である人も、想像以上に多いのだ。

こうした人たちの中には、昼間もおたがいの部屋を行き来して、共通の趣味を楽しむようになった人も少なくない。

Sさんもいまでは、このマンションの人と、年に一回ぐらい一緒に海外旅行に出かけるような仲になっている。いろいろ話をしているうちに、おたがいに海外の古城めぐりが趣味とわかったからだ。

◆経験第一！　なんでも一度は参加する

これまでは仕事ばかりの人生で、趣味なんか持つヒマはなかった、という人がいる。もし、そうであるなら、その人は大いに喜ぶべきだ。目の前には、まだ足を踏み入れたことがない野原が、どこまでも広がっているようなものだからだ。

なにを、どこから始めたらいいかわからなくても、最初はなんでも拒まず、断らないと決めてしまうとよい。

以前の仕事仲間に会ったら、最近、釣りを始めたという。まだ、初心者だからほとんどなにも釣れず、帰りには魚屋に立ち寄りたくなる気分だと笑いながら話す。

「でも、一日、海風に吹かれてみるのも悪くないぞ。今度、一緒にこないか」という。

「釣り？　別に興味はないしなあ」とか「行ってもなにも釣れないんじゃ意味ないだろう」、あるいは「コイツととくに気が合うわけじゃないしなあ」などと、いろんな思いが頭をよぎるかもしれない。

だが、そうした思いは最初に全部、消去することだ。そして、頭を真っ白にして、「行く」と宣言してしまう。

ひとり老後に、自由と時間はたっぷりある。宣言とはいっても、重大な決意などする必要はまったくない。「釣りなんか、どうでもいい。海に行くのって、ずいぶん久しぶりだ。たまには海を眺めるのもいいかもしれないな」くらいの軽いノリで十分。そのノリに自分を乗っけてしまえばいいのだ。

そうして、釣りがうまく自分の好みにはまり、「また誘ってくれよ」という気持ちに自然になれれば、シメタものだ。

遊びの間口は広いほうがいい。こうした体験を何回も繰り返しているうちに、気がつくと、友だちのストックはだんだん増えていくものだ。

◆ブログで広がる新世界

インターネットが世界を変える。いまから十数年前だったら、こういわれても「!?」だったのだが、最近は老後といわれる年代でさえ、もはやインターネットなしでは暮らしにくい時代になったとしみじみ思う。

いや、ひとり老後にこそ、インターネットはなくてはならないものだといってもよいと思う。

ブログとは、インターネット上に自分の日記を公開するようなもの、と考えていればよいだろう。文字どおり、日記風に身辺雑記をつづっているブログもあれば、あるいは「私のお弁当日記」とか「マヤの部屋」などのように、テーマを絞り込んだサイトもある。アクセスすると、マヤはお孫さんの名前で、単なる孫バカのブログだったとか(笑)。

だが、数えきれないほどたくさんあるブログにも、それぞれファンがいて、更新を楽しみにしているのだから、これからもブログ熱が冷めることはないだろう。

このブログを使って、友活を行なう方法もある。

奥さんを亡くしたあと、ひとり老後を送るEさんは、最初は戸惑っていた料理にいまではすっかりはまっている。もともと凝《こ》り性だったこともあって、最近つくる料理はわれながら上手になったと思っている。

そこで、ブログを開設した。タイトルは「やもめシェフ日記」とした。日記といっても、毎日、必ず書かなければならないわけではない。気が向いたときだけ、更新すればいいのだから、気楽なものだ。

Eさんの場合は、いろんなアイデア料理を考え、試行錯誤するのが楽しみなのだが、そのうちの「われながらうまくできた！」というときだけ、デジカメで撮影した写真と、その料理に込めた思いなどを好きなだけつづる。

数行のときもあれば、思いがけず、長くなることもある。

そんな気ままなブログだったが、しだいに固定的な読者がつき、そのうちに「一緒に都内の変わった国の料理店の食べ歩きをしませんか」というメールが飛び込んできた。

もともと、いろいろな国の料理に関心が強かったEさんにとって、これは願ってもないお誘いだった。ひとり老後で不自由なことの一つに、ディナータイムのレストランには、なかなか入りにくいということがあったからだ。

しかもメールの主のアドバイスにより、ブログに「ＴＯＫＹＯで食べられる世界の味ツアー」というコーナーをつくり、参加者を呼びかけたところ、数人からリアクションがあり、一気に友だちが増えたというわけである。

この例のように実際に顔を合わせるまでにならなくても、メールのやりとりをするメル友が増えることは確実だ。

◆偶然の出会いは最高のチャンス

ある日の散歩の帰り道、Oさんは自宅の前で小さな財布を拾った。そのまま警察に届けようと思ったのだが、自宅の門前だったのでいったん家に持って入り、届ける前に財布の中を見た。

大きなお札は別に持ち、この財布にはちょっとした日常使いのお金を入れているようで、小銭ばかり。ほかは、いろいろなメンバーズカードの中に、電話番号が書いてあるものがあったので、電話をしてみた。

すると、落とし主は毎日Oさんの家の前を通って通勤しているということだった。ちょうどその日は休日。その人は歩いて一〇分足らずのところだから、Oさんさえよければ、これからすぐに取りに行きたいという。

言葉のとおり、落とし主はすぐにやってきた。

「おかげさまで助かりました。ありがとうございました。この中に、大事なチケットが入っていたんですよ」

聞けば、落とし主は大の歌舞伎ファンで、毎月のように歌舞伎を観に行くのを楽しみにしているという。実は、Oさんも若いころから歌舞伎にはまっていて、仕事を退いてからは、歌舞伎が生きがいになっていた。

「まあ、私も。先月の吉右衛門、ご覧になりました?」

「もちろんですよ。今月は團十郎と海老蔵、見逃せませんよね」

「というと、大事なチケットって歌舞伎のですか?」

玄関先で話しているうちにすっかり盛り上がり、「よろしかったら、ちょっとお上がりになりませんか」と話が続いた。

こうして、ちょっと落とし物を渡すだけのつもりが、気がついたら一時間余も話し込んでしまったという。

聞けば、落とし主もひとり老後の仲間だった。そして、「私は少し前に、カルチャーセンターの歌舞伎講座に通っていたんですよ。そのとき知り合った方々と、定期的に歌舞伎の勉強会を開いているの。よろしかったら、今度ご一緒しませんか」と、声をかけてくれたのだ。

その勉強会は堅苦しいものではなく、場所も、それぞれの住まいのちょうど中間地点。

ファミレスに集まって、歌舞伎だけでなく、四方山《よもやま》話《ばなし》に花を咲かせているという。歌舞伎に行くのはそれぞれ別行動というのも気が楽そうだ。

まったく偶然の出会いから、Oさんは同じ趣味を持つ友だちができ、いまでは、あのとき財布を落としてくれた落とし主に大感謝しているという。

偶然の出会いには、きっと神様のはからいが込められている。

◆七〇歳のウエディングドレス

ひとり老後を目いっぱい楽しんでいるSさんのところに、ある日、一通の写真付きハガキが届いた。そこには、同じくひとり老後友だちのAさんが、ウエディングドレス姿で、やさしそうな男性に寄り添って写っている。

実は、数年前から半ば一緒に暮らすようになってる人と、「入籍」したのだという。

二人の出会いはAさんが住むマンション近くの焼鳥屋。Aさんはバリバリ仕事もするが、お酒も飲む。その人は、行きつけの焼鳥屋の常連だった。

同じく常連客のその男性とは、店でしょっちゅう顔を合わせる。やがて、会えば隣どうしに座って一緒に飲むようになり、二人の距離が縮まったというわけだった。

人生は八〇年時代から九〇年時代へと、寿命はさらに延びている。シニアになってからの結婚はいまや現実的なことだ。

元TBSアナウンサーで、現在はフリーで活躍している山本文郎《やまもとふみお》さんも、オールドエイジ婚で話題を振りまいたひとりである。奥さんが亡くなってから、一〇年ほどシングルライフを通したが、二〇〇八年になんと三〇歳も年下の女性と出会い、結婚した。

「死んだ女房の墓参りに行って、ごめんねと報告しましたが、いいわよと許してくれているでしょう」

山本アナはそう語ったが、きっとあの世で奥さんも、ほっとしているように思えてならない。

友活の結果、異性の友だちができ、親しくなって結婚……。新たな家族は、新しい人生をスタートさせてくれる。

配偶者に先立たれたり、離婚してひとり老後という場合は、子どもがいることも多いだろう。こんな場合は、あとあと遺産相続などで面倒なことにならないように、入籍する前に、子どもたちに財産分けをしておくとよい、とアドバイスする弁護士もいる。

「若いときの結婚じゃないから、いつでも一緒にいたいというわけではないの」というAさんは、入籍後もそれぞれの家で適当に暮らし、週末や気が向いたときには一緒に過ごすという生活を送っている。

入籍したのは、「病気になったとき、病院の承諾書などにサインする人が必要だから」がその理由というのが、うなずける。

第三章

なぜ、次々と友だちが増えるのか？

——相手がよって来る幸せを呼ぶしぐさ

◆性善説で接するつき合い方

父親の葬儀でこんな挨拶をした知人がいる。

「父は、仏の○○さんと呼ばれ、息子の私から見ても、人がよいことが取り柄だった人でした。若いころはそれがアダになり、人にだまされて仕事で失敗したり、八人兄弟の七番目だったのに、親戚の世話を次々に引き受けました。正直なところ、母や子どもたちは、いいかげんにしてほしいと思っていました。

でも、年をとってからは、その人のよさから、たくさんの方に親しくしていただきました。今日もこんなにたくさんのお友だちにご参列いただきました。子どもの目からも、父は心豊かな老後を送ったのだと、深く感じ入っております。みなさま、これまで父の老後を支えていただき、本当にありがとうございました」

この父親は、出世したわけでも、社会的な名声を得たり資産を築いたわけでもない。妻や子どもたちからみれば、なんとも歯がゆく感じられてならない生涯だった。

だが、六〇代半ばで仕事を退くと、長いこと趣味で続けてきた書道を、市のコミュニティセンターで教えるようになった。生徒はシニアばかり。教えるといっても、毎週一回一時間の講習で費用は月に一〇〇〇円徴収するだけだ。

ところが、高価な中国古代の写本などを次々求め、それを惜しげもなく生徒さんに貸す。戻ってこないことも少なくなかったから、当然、赤字。最初から返す気持ちなどないのに、借りていく人もないではなかった。それでも、貸すのをやめようとしない。

「あの人は借りたことを忘れてしまったのだろう。そのうち、返してくれる」

相手を信じきるのである。自分に邪心がないから、人に邪心があるという発想がない。根からの性善説だから、しまいには相手も、その父上の誠意ある姿にほだされる。そんなことが何度もあった。

ひとり暮らしの生徒が風邪をひいたと聞けば、すぐにその家を訪ねる。高齢で、足元が危うい生徒なら、帰りは自宅まで送り届けるという具合である。

こんな温かい人柄に引きつけられる人は多く、講習のない日にも、「展覧会をご一緒してほしい」「かな文字の手本の古今集を勉強したい」などと誘いがかかる。

こうして老後になって、急にモテモテになり、奥さんも嫉妬するほどだったそうだ。

葬儀には、書道教室の生徒になったことを縁に、楽しい時間を一緒に過ごしていた、たくさんの老後友だちが参列した。それを見て家族は、あらためて父親の老後が多くの友だちに囲まれた、満ち足りたものであったことを知ったのだった。

社会の第一線にいるとき、人がよいだけの人は必ずしも高い評価にはつながらない。そこでは、才気煥発《さいきかんぱつ》、キレ味鋭い人のほうが、人を引きつけるものだと思う。

だが、シニアになると、「人柄のよさ」が光ってくる。

でも、いきなり「仏さま」になどなれない。ならばまず、誰に対しても「その人のいいところを見つける」ことから始めてみよう。

自分にも人にも、ダメなところもあれば、いいところもある。人はつい、ダメな部分に目がいってしまいがちなものだが、それだと、自分も人もダメになる。そのうちに、ダメな部分に気づいても、あまり気にならなくなるはずだ。

人とはいつも、肯定的に接していく。これができるようになれば、「仏さま」に近づいたといえる。

◆ただの挨拶がたったひと言で口説き文句に

二〇〇九年から横浜市長を務める林文子《はやしふみこ》さんは、高卒のOLからスタートして、外資系自動車会社のトップやダイエーのCEO（最高経営責任者）、東京日産自動車販売株式会社の社長を歴任した方である。

アメリカの経済雑誌『フォーブス』で、「世界で最も影響力のある女性100人」に選ばれたこともある。まさしく、日本を代表するスーパーキャリアウーマンだ。

彼女がここまで成功できた要因の一つは、「人をそらさない会話術」にある。林さん自身も、「人に嫌われたことがないのよね」とおっしゃるが、その秘訣の一つは、挨拶するときに必ずひと言を添えること。それも、相手の気持ちをふんわり温めるひと言である。

たとえば、朝、会社の玄関で、部下と顔を合わせたとする。「おはようございます」だと当たり前。林さんは、それだけでは終わらない。

「あれ、なんかいいことあったでしょう？」

「いえ、なにも」

「それなら、きっと今日はいいことがあるわよ。だって、顔が輝いているもの」

この「顔が輝いているわよ」は、「いいことがありそうなオーラが出ている」とか「今日はふだんにも増して、自信に満ちた表情をしている」などと変わる。

着ているものをほめるときもある。

「センスのいいネクタイね。奥さんのプレゼントなの？　いい奥さん、もらったわね」

これで悪い気分になる人はいない。

挨拶には、なにかひと言を加えよう。そのひと言から新たな会話が広がり、友だちになるきっかけが生まれる。

「おはようございます」プラス「いいお天気ですねえ」。

すると、「こういう日は、気持ちまで晴れやかになりますね。このところ、ずっと家に引きこもっていたから、外の空気はおいしいわ」と続く。さらに、

「お加減でも悪かったんですか」

「いや、下手の横好きで日本画を描いていましてね。展覧会があるものだから」

「それはいいご趣味ですね。ぜひ、拝見したいわ」

この会話から数日たったある日、来客がある。出てみると、この前、道で立ち話をした

ご近所さんが、手にチケットを持って立っているではないか。

「これ、いつかお話した展覧会のチケットです。駅前のデパートの、小さなほうの催事会場でやるんですよ」

デパートで絵を見た後、喫茶コーナーでちょっとおしゃべりをする。友だちはこんなことがきっかけで増えていく。

◆笑顔は相手の心を開ける鍵

「あの人はいつもにこやかで、感じがいいわね」

笑顔は誰の心をも開かせる力を持っている。友だちの多い人は、いつも楽しそうな笑顔でいる人だ。その顔を見ると、こちらまでやわらかな気持ちになり、実に心地よい。

人づき合いの関門を開くのは、一にも笑顔、二にも笑顔だということは、みんな知っている。そして、自分では、せいいっぱいの笑顔を浮かべたつもりになっている。

だがそれが、人から見ると、微妙に表情を崩しただけで、ときには泣いているように見えたりするから、気をつけたほうがいい。

では、楽しい気分でいることを、はっきり相手に伝えられる笑顔とは、どんなものだろうか。

笑顔は、一瞬のうちにつくれることが望ましい。

役者さんは鏡を前に、自分の感情をうまくお客様に伝えるには、どんな笑顔がいいか、トレーニングするそうだ。初めは、どうしてもつくり笑いになってしまう。鏡の前で無理やり笑っているのだから。だが、練習の成果で、しだいにいかにも楽しそうな笑顔ができるようになる。

カリスマ・マナー指導者といわれる平林《ひらばやし》都《みやこ》さんによれば、笑顔とは「歯を見せて笑うこと」だそうだ。鏡の前で実際に歯を見せた自分の表情をチェックすると、たしかに明るく大きな笑顔になっている。

ただし、歯を見せるだけではマニュアル・スマイルだから、心までは伝わらない。歯を見せながら、相手に出会った喜びを込めて、「おはよう」や「こんにちは」と言葉を添える。

相手に向かって最高の笑顔を見せる。これは、「あなたと友だちになりたい」ということを伝える、最高のアピールになる。

また笑顔は、自分の気分を明るくほぐす効果もある。アメリカの心理学者ウイリアム・ジェームズは「楽しいから笑うのではない。笑うから楽しいのだ」といっている。

笑顔が人との垣根を越えさせるのは、笑顔でいると、なによりも自分自身が楽しく、気持ちが柔軟になっているからだ。

声を出して笑うことは一種の習慣だ。テレビを見るときも、面白いと思ったら、盛大に声を出して笑い、声を出して笑うクセをつけるといい。ひとり暮らしだから、家の中でテレビを前に大きな声で笑っても、かまわないのだから。

昔は、地域に「笑い講」というものがあった。参加者一同、とにかくお腹《なか》の底から大きな声を出して笑い転げる。ただ、それだけの行事である。

最初は口先だけの笑い声だが、不思議なことに、だんだん本当におかしい気分になり、最後はみんなで心から笑いあい、楽しい気分になって帰る。これぞ、日本人の生活の知恵だ。アメリカの心理学者が笑いの心理を研究するずっと前から、笑いの真理について、日本人はちゃんと知っていたわけだ。

玄関に大きめの鏡を置き、とびきりの笑顔を浮かべてから家を出るようにする、という知人がいる。

これだけで憂鬱《ゆううつ》な気分がほぐれ、出会った人から「あなたを見ていると、こちらまで楽しくなってくるわ」といわれるようになったそうだ。

◆初めてのお誘いは断らない

最近は、高齢者だって個性の時代だ。趣味も多種多様に広がっている。

Rさんは、地域のコミュニティサークルの書道教室に通い始めた。すると、すぐに友だちができた。そこからさらに、もっといろんなお誘いがかかるのには驚いた。

ある人は、「詩吟《しぎん》の会に入らないか」という。詩吟はお腹から声を出すので、健康法だというのである。

別の人は、「古代遺跡の発掘のボランティアを一緒に」と声をかけてきた。Rさんが住む地域では最近、縄文遺跡が次々と発見され、あちこちで遺跡発掘が行なわれている。その作業を支えているのは、主にボランティアたちだそうだ。

「寄席」や「花の寺めぐりのバス旅行」など、次から次へと誘いがかかる。

初めRさんは、これほど誘いがかかるのは、自分がただ、人づき合いがいいからと思っていた。だが、賢明なRさんはすぐに、みんなそれぞれ少しずつ寂しいからではないかと気がついた。

ひとり老後は家の中では、いつもひとりだ。出かけるときぐらいは仲間がほしい。外出先で、お昼を食べることがある。こんなとき、「おひとりさまですか?」と大きな声で尋ねられ、首を縦に振るときに、寂しい気持ちがよぎることがあるからだ。

そこでRさんは、誘われたら、とにかく応じてみることにした。誘うほうもほとんどが年金暮らしだ。ふところが痛くなるほどの誘いは、あまりない。

初めての誘いは断らないほうがいい。もちろん、自分にも都合があるし、気分が乗らないときもある。

だが、人を誘うことを自分の身で考えてみれば、これはなかなか緊張感をともなうものだ。オーバーにいえば、勇気が必要だ。

それをつれなく、「私はそういうの、興味がない」と断られると、本当は自分と同行するのがイヤなんじゃないかと、相手にあれこれ考えさせてしまう。神経の細い人だったら、それだけでダメージを受けるかもしれない。

もちろん、相手のせっかくの気持ちを傷つけないように十分配慮して断っても、NOの返事というのは、相手の気持ちの否定である。せっかく親しくなっても、相手はそれ以後、あなたを誘おうという気持ちにフタをしてしまいそうだ。

勇気をふるって誘い、相手が喜んでその誘いに応じてくれると、それだけで、この人とはいい友だちになれそうな気がする。

初めての誘いは、その後「せっかくだけど、今回はちょっと」と断っても、人間関係が遠くなることはない。その日、本当に都合が悪かったら、率直に予定を調整できないか、聞いてみよう。

ここまですれば、断られたという印象を持たれることはあるまい。今後のつき合いを期待してくれることだろう。

◆相手の名前は二回目までに必ず覚える

リッツ・カールトンホテルは、世界一といわれる高い水準のホスピタリティで、利用客に深い満足感を与え、確実にリピーターを増やしていることで知られている。

接客の心得の第一項目は、「お客さまは固有名詞でお呼びする」ことだという。

おなじみのお客さまなら、日本の旅館や料亭などでも、当然のこととして行なわれている。だがリッツ・カールトンでは、「初めて訪れた」宿泊客がフロントに近づいていくと、「○○さまですね。お待ち申し上げておりました」と名前で呼びかけられるのである。これには、みんな驚き、感激する。

ではなぜ、初めてのお客さまの名前がわかるのだろうか。

タネ明かしをすれば、驚くほど簡単だ。ホテルの宿泊客は、たいていスーツケースやカバンを持っている。飛行機を利用してきたお客さまなら、荷物にはほとんど名前のタグがついている。

その方法とは、ホテルの玄関前でお客さまを迎える案内係や荷物を預かったポーターが、素早くタグの名前を読み取り、ひそかに小型マイクでフロントに名前を伝えるのである。

この方法を導入して以来、リッツ・カールトンの接客術はさらに進化し、いっそう高い評価を得るようになったそうだ。

ホテルにかぎらず、名前を呼ぶことは、相手にとって最高の心づかいの一つである。

もちろん友だち関係では、会ったとたんに名前を呼んでは相手を戸惑わせる。しかし、次に会ったときは違う。相手は「ちゃんと自分の名前を覚えていてくれた」と喜ぶはずである。

次に会うときまでに、ちゃんと名前を覚えておくコツはいくつかある。

まず、初対面の会話中に、できるだけ相手の名前を口に出すこと。相手の名前を呼びかける必要のない場面でも、たとえば喫茶店のメニューを選ぶようなときでも、ただ「なににしますか?」ではなく、「山田さんはなににしますか?」と名前を口に出す。二、三回口に出せば、名前は頭にしっかりインプットされる。

若いときと違って、年をとると忘れやすくなるのは、みな同じだ。ならば、メモをこまめにとることをおすすめする。

ある友人は、息子が勤務先でもらってくる手帳をいつも持っている。出会った人の名前とその特徴をかんたんにメモする。「公民館の読書会で会った佐藤ハジメさん。縁なし眼鏡、グレイヘア」とか、「高い声でよく笑う奥さんは杉山さん」という具合だ。

友人は、このメモを相手と別れると、できるだけすぐに書くことを習慣づけている。「すぐでないと、忘れちゃうのよ」というのが本音だろう。たとえば、バス停にバスが来るまでとか、そば屋で注文したそばがくるまでとか、ちょっとした時間に、とにかくメモだけしてしまうのだ。

そして次回、その公民館の会合に行く直前にメモを開き、出会った人の名前を確認して、相手の顔を見るなり、「やあ、山田さん、先日はありがとうございました」とすかさず呼びかけるのである。

こんな努力が実って、どこに行っても、すぐに親しい友だちがつくれるようになった。

◆友だち関係も腹八分がちょうどいい

子育てしているころ、子どもから「ウザイんだよ」といわれたことがあった人はご用心だ。人間は本来、わがままな動物だから、ひとりだと寂しくて、不安で心細い。だからといって、いつも誰かと一緒にいると、そのうちに、「ウザイ」と感じるようになったりする。こんな相反した傾向を持っているものなのだ。

永遠に一緒にいたいと思って結婚したはずの相手でさえ、しばらくすると、相手が留守だとほっとする人も、少なくないのではないだろうか。

ましてや、友だち、それもいい年になってからの友だちなのだから、いつでもどこでも、べったり一緒では、たちまち息が詰まってしまうとしても当然だ。

たとえば、展覧会などで小半日を友だちと一緒に行動したとしよう。展覧会のあと、お茶をするぐらいまでは予定の行動だろう。だが、まだ早い時間なのに、そこで夕食まで誘って、相手を引きとめてはいないだろうか。

どうせ、家に帰ってもひとり。相手もひとり暮らしの場合だったら、おたがい夕食も一緒のほうが楽しいに決まっていると、勝手に思い込んでしまう。

「おいしいものでも腹八分」なのだ。友だち関係も満腹になるまでつき合うのは、得策とはいえない。おたがいにそうしたい気分だったら、一緒の時間を過ごしてもよいが、旅行でもないかぎり、小半日つき合ったら、そろそろお開きにするようにしたほうが賢明だ。

別れぎわに「もう少し一緒にいたかったな」という思いが残るぐらいが、引き上げ時として、ベストなタイミングなのである。

友だちづき合いも「腹八分」が長続きのコツだというわけである。それを超えることがたび重なると、「ウザイ」といわれることを肝に銘じておこう。

予算もあるので、「できれば」の話だが、シニアの友だちどうしの旅では、宿泊はそれぞれ一人部屋を確保したほうがよい。

シニアにとって、睡眠不足はこたえる。ところが、旅行に出かけた際に、同じ部屋だとイビキをかいたり（女性でもイビキをかく人は少なくない）、夜中にトイレに行くなどして、相手の眠りを妨げることになりがちだからだ。

逆のケースで、夜中にトイレに行きたくなったが、相手がよく眠っているから、暗いなかでじっとガマン。これもけっこうつらい。

夜には、つもる話をするのが旅の楽しみでもある。二つ部屋を確保し、おたがいが眠くなるまでどちらかの部屋で、思いっきりおしゃべりを楽しめばいい。ゆっくり眠り、疲れを完全にとるのが、シニアの旅というものである。

それぞれが部屋を確保するのは、けっして贅沢なことではない。

◆なにがあっても友だちでいるコツ

若いときからの友だちを数えあげれば、誰でも、たちまち一〇人や二〇人は軽く数えられる。それなのに、現在、友だちらしいつき合いを続けているのは数人程度だろう。

どうしてそれまでの友だちといまはつき合わなくなってしまったか、その経緯を思い返してみよう。

「もう、絶交よ」。こんなふうに、きっちりピリオドを打つのは、高校生ぐらいまでだ。大人になってからだと、少々気まずいことがあると、どちらからともなく連絡を取り合わなくなってしまい、気がつくと、おたがいの消息を知らない仲になってしまった……。そんなケースが多いのではないだろうか。

誰が見ても、「友だち大尽《だいじん》」といいたくなるほど、友だちの多い知り合いがいる。その人に「なぜ、そんなに友だちが多いのか、秘密を教えてほしい」と頼んだところ、答えは実にシンプルなものだった。

「なにがあっても、友だちであり続けること」だというのである。

その知り合いは、せっかく友だちになったのはなにかの縁があったからだと考え、少なくとも、自分から友だち関係を切ることだけはしないようにしているそうだ。

たとえば、相手からけっこうひどいことをいわれて腹が立ったとしよう。若いころなら、それでその友だち関係はジ・エンド。ギクシャクしてしまった人間関係に、こちらから修復するためのアプローチをするなんて、惨《みじ》めすぎると思っていたそうだ。

だが、ある程度、年齢を重ねてみると、腹を立てるのはほんの一時なのだ。しばらくすれば、頭に昇った血もおさまり、「あの程度のことで、友だちを失うなんてもったいない」と思うようになっていた。

そういう気持ちになったら、それまでと少しも変わらない態度で、さりげなく電話を入れてみることもできるようになっていた。

「○○で素敵な展覧会をやっているのよ。一緒に見にいかない？」

こちらがなんのこだわりもなく話しかければ、相手もなにごともなかったように振る舞い、すぐにもとどおりのつき合いがよみがえる。この確率は、ほぼ一〇〇パーセントだという。

トゲトゲしたもののいい方をされて、頭に来た！　そんな場合には、その言葉を真正面から受け取らず、少し視点を移して、「どこか具合でも悪いのではないかしら」と考える。

友だちというのは、もともと非常にもろい関係だ。仕事関係の知り合いならば、仕事の利害関係もついてまわるため、少々のことは呑み込んでつき合いを続けていかざるを得ないだろう。

結婚はもっとシバリの多い関係だ。顔を見るのもイヤになり、別れようということになっても、子どもがいれば、親権はどちらが持つとか、養育費はどうしようか、二人で暮らしていた間の財産はどう分けるかなど、いろいろ話し合わなければならないことがある。

離婚経験者はよく、「結婚するより離婚するほうが、エネルギーは倍かかる」という。その大変さは想像を超えているのだろう。

恋人関係も、なんとなくよそよそしくなったから、それで終わり、ということはあまりない。「つき合おう」といって始まった関係は、最後も二人できちんと別れ話をしなければ、ケリがつかない。

だが、幸か不幸か、友だち関係は始めも終わりも、これといって話し合う場面がない。逆にいえば、「友だちでいよう」という強い意思があれば、ピリオドのない関係なのだということもできるだろう。

もともと、なにがしか心が通うものがあって、友だちになった二人である。気まずいことがあったとしても、しばらく〝冷却期間〟をおけば、もとどおりに戻れるはずだ。

先方がなにげなくコンタクトしてきたら、こちらも大人になって、いっそうさりげなく、もとのようにつき合いを復活させるようにしよう。

◆隠しごとやウソで墓穴を掘る

こちらは友だちのつもりで、腹を割って話しているのに、自分のことにはしっかり鍵をかけて話そうとしない人がいる。こういう人は友だちがつくりにくく、結果、その数も少ないことだろう。

だからといって、なにもかもオープンにしなければ、友だちになる資格がないというわけではない。しかし、少しは自分の胸を開けて見せないと、相手から「信用されていないんだな」と思われてしまう。友だちになろうと自分をオープンにしているほうにとっては、けっこうショックである。

知り合いと友だちは、どこが違うのだろう？　もっとも大きな違いは、その人のことを信頼できるかどうか、ではないだろうか。隠しごとは、その信頼を損なう大きな原因の一つなのだ。

矛盾しているように聞こえるが、だからといって、相手がオープンにしないことを、あれこれ詮索《せんさく》するのも慎《つつし》みたい。大人の友だち関係には、相手が明かそうとしない部分に足を踏み入れたり、これ以上詮索してはいけない！　と感知する、一種の「感度」が必要である。

シニアといわれる年齢まで生きてくれば、黙ってあの世に持っていきたいことの一つや二つ、あってもおかしくはないのだ。

シリアスな話題になり、「あなたはどうだったの？」と、話の矛先《ほこさき》がそうした方向に向いてきたら、「忘れちゃった」とか、「忘れることにしたの」が、ベストアンサーかもしれない。

また、ウソはついても無駄だ。ウソは必ずばれるものだ。とくに記憶力が衰えてくる年齢になったら、ウソは自滅行為だ。

なにしろ自分自身が、その人に前回、どういったかを忘れてしまい、前回と違うことをいって、墓穴を掘ることになりかねないからだ。

あいまいな記憶をもとにウソをつくくらいなら、その話題にはつき合わないことだ。上手に話題を切り替えてしまおう。

ある女性芸人は、年齢を絶対に公開しないことにしている。年齢のことに話題がおよぶと「国家機密に属する問題なので」と笑いに変えてしまう。もし、年齢を詐称し、それがばれると、やっかいなことになるかもしれない。だが「国家機密」といわれてしまえば、笑って引き下がるほかはない。

機密事項は、こんなふうに笑いに変えて、かわしてしまえばよいのである。

◆どんなことでも本気でほめる

ほめられて悪い気になる人はあまりいない。接客トークの基本は、ほめることだ。お客さまをほめていい気分になっていただき、「お買い上げ!」にもっていこうと教えている。

これは、友だち関係にだって当てはまる。

ところが、「ほめる」ということは、なかなかむずかしい。クラブのホステスだって、ルックスがいいだけではお客はつかない。ホステスは、お客に心地よく飲んでもらうプロ、この基本もほめることだそうだ。

だが、口先だけでほめるなら、誰にだってできる。プロのプロたる極意をひと言でいえば、「本気になってほめる」ことなのだという。

心の中では「なんだ、このオッサン」と思いながら、顔は満面の笑みを浮かべてほめても、客は百戦錬磨のビジネス戦士だ。本音はお見通し。こうなると、満面の笑みはかえってウソ寒いだけになってしまう。

京都の舞妓は、お座敷のお客さんの、特別にいいところを見つけ、そこを本気になってほめる。そう教えられると聞いたことがある。どんなに細かいことでもいい。そのかわり、本気でほめなくてはいけないのだ。

「お客さんの耳、ええ形してはりますなあ。ええお話をたくさん聞いてきたお耳やわぁ」

耳など自分では意識したこともないだろうが、こういわれると、なんだか耳のあたりがむずがゆくなり、いい気持ちになってくる。こうしたほめ言葉を、お座敷の間にイヤ味にならない程度に、繰り返すことも大事なコツだという。

一度きりだと、単なるお世辞に終わってしまうが、繰り返されれば本気に聞こえるからである。

あるコミュニティセンターに、とても人気のある年配の女性がいる。「ステンドグラス教室」や「地域の歴史探訪」教室に通っている女性だが、姿が見えないと、みんなが「今日は○○さんがいないので、盛り上がらないわね」と口にするそうだ。

彼女に人気があるのは、とにかく、ほめ方が上手というのがもっぱらの評判だ。

彼女がほめるのは、人だけではなく、その日のお天気や外の景色、講義の内容などだ。たとえば、ステンドグラスはこうだ。

「私、自分でステンドグラスができるなんて、想像もしていなかったんですよ。こうしてイチから教えていただけるなんて、夢みたいだわ」

こういわれると、参加者全員が幸せな気分になる。歴史の講義では、

「私、偶然、このあたりに住むようになったんですよ。ホントをいうといまの家に住むようになったのは、もう亡くなったのですが、主人の勤務先まで一時間ぐらいで通勤できる割りには安かったから。でも、こんな歴史があっただなんて。いまごろになって、この地域に住んでいることにワクワクしているのよ」

その笑顔はまるで童女《どうじょ》のように曇りがない。

センターのワンコインで食べられる食事でも、「あら、このニンジン、もみじの形だわ。手間がかかっているのねえ」と、そんな小さなことにも目をとめてほめる。

すると、まわりの人の気持ちも心地よくなってくる。ほめる気になれば、ランチのニンジンだって対象になるということだ。

まして、友だちも長い人生を重ねてきたシニアだ。その人ならではの滋味《じみ》がにじみ出ているはずだ。その滋味に目をとめれば、本当に素晴らしいと、自然に心からのほめ言葉が引き出されてくることだろう。

◆いまの友だちの背後には新しい友だちが控えている

友だちづくりの第一歩、出会いの機会は、実はそうそうあるものではない。とくにシニアになると、ライフスタイルや行動範囲がだいたい決まってきてしまい、新たな人と出会う機会は狭められてくる。

新しい友だちと知り合うのは、これまでの友だちからの紹介、というケースが多くなってくる。たとえば、小旅行やちょっとした機会に、自分の友だちを誘ってみた。その友だちが、幸いその場にすんなり溶け込み、みんなと新しい友だちになっていった。

誰かが友だちを連れてくれれば、それがきっかけで、次は別の人が自分の友だちを連れてくるようになる。こうして、自然に友だちの輪が広がっていく。

だが、これには、一つのルールがある。

友だちをみんなに紹介したら、その友だちが誰と親しくなっても自由だとわきまえることだ。よほどウマが合ったのだろう。その友だちはその場にいた人と、あなた抜きで一緒に展覧会に行ったり、映画を見るような仲になった。

それでも、「もともと私の友だちだったのよ。それなのに私にひと言の断りもなく、別の人とつき合っているのは、おもしろくないわ」などとふくれ面をしないことだ。

なんだか、自分が無視されたという気持ちもわからないではないが、その気持ちにフタをすることができるのも、大人の知恵というもの。

恋愛ではよく、人の恋人を「取ったとか盗んだ」という表現をすることがある。ジャズの名曲『テネシーワルツ』でも、恋人とテネシーワルツを踊っていたとき、友人に会った。

そこで友人に恋人を紹介したら、恋人を友人に「盗まれて」しまった。だから、テネシーワルツは忘れられない曲になった……と切ない思いを歌う。

だが、人の心は誰のものでもなく、その人自身のものなのだ。しかも、人の心には羽があり、誰かの心に閉じ込めておくことなんかできない。

友だちが、新しい友だちと一緒に楽しみ始めたならば、むしろそのことを喜ぼう。こうして友だちが増えていくのである。

人にしたことは、必ずめぐりめぐって自分に返ってくる。自分の友だちを人に紹介していると、気がつくと、なぜか自分の友だちもどんどん増えてくるものだ。

◆「今度」と「そのうち」はあてにならない

年を重ねてくると、どうしても足腰が重くなってくる。いや、体重の話ではない。明らかに出不精になる。

若いころなら、突然、電話がかかってきても、「じゃあ、いまから出るよ」と出かけたもの。ところが、シニアはいろいろ考える。「もう夕方だ。帰りが遅くなるなあ」などと、だんだんフットワークが悪くなってきてしまうのだ。

友活には、これがブレーキとなる。

たとえば、友だちから電話があった。

「いま、話題になっているあの映画、とてもいいそうよ。よかったら、ご一緒しません？来月中旬ぐらいまでやっているそうだから、急がなくてもいいのだけれど」

こんなときは、その場で日時を決めてしまおう。

「私も観たいなと思っていたの。来月までやっているのね。じゃあ、そのうち、おたがいの都合がつくときに行きましょうよ」

これでは、おそらく一緒に映画に行くという約束は実現しない。

「今度とそのうちは、やってこない」のだ。それにこういう返事だと、映画に行きたいのか、それとも本当は行きたくないのか、伝わらない。

「鉄は熱いうちに打て」という。映画にかぎらず、誘いを受けたときの「そのうちに」とか、「暖かくなったら」「涼しくなったら」などは、単なる社交辞令だ。本当は行く気持ちはないのだと、思われても仕方がない。

いちばんいいのは、その場で約束の日を決めてしまうことだ。日にちが決まれば、一緒に映画を見に行く約束は、半ば果たされたのと同じである。

もし、都合が悪くなったら、数日前ぐらいまでに断ればいいだけの話。ひとり老後にだって都合はあるのだから、断られたほうも、快く了承することだろう。

ふたりの都合が折り合わないこともあるだろう。そんなときは、あっさりあきらめて、自分の予定で進めてしまうほうが、相手に心の負担がかからない。

約束はしたものの、日が迫ってくるにつれて、だんだん気が進まなくなったということもある。こんなときの対応は二つに分かれる。

一つは、多少重い気分でも予定どおり出かけてみること。出かけてしまうと、気分が晴れることはよくある。

もう一つは、無理して出かけることはないという選択肢だ。仕事のアポイントメントではないのだから、重い気持ちに綱をつけて、無理やり引っ張っていく必要はない。あくまでも、好きにすればいいのが、プライベートなつき合いなのだ。

相手に心配をかけないように「たいしたことはないけど、ちょっと体調を崩してしまって」と連絡する。

「年を経し糸の乱れの苦しさに衣の館《たて》はほころびにけり」は、前九年の役（一〇五一～一〇六二年）の戦いの最中、北へ落ち行く安倍貞任《あべのさだとう》と追撃する源義家《みなもとのよしいえ》が詠み合った歌として知られる。

逃げる貞任を追いながら、義家は馬上から「衣川の館は滅びたり」と叫ぶと、貞任は「年を経し糸の乱れの苦しさに」と返したという。義家が「もう、衣川の館は滅びたぞ」と伝えたところ、貞任は「衣も糸が弱まれば自然にほころびる。そなたらに負けたわけではないわ（首がほしければ厨川《くりやがわ》まで追ってまいれ）と答えたというわけだ。

その後、この歌は、「年をとれば誰だって、どこかほころびは出てくるものだ（体の具合の悪いところが出てくるものさ）」という意味にもよく使われるようになった。

◆「ありがとう」は人の心を瞬時に射抜く

友だちをたくさん持っている人は、例外なく、どんなささやかなことに対しても、心からの「ありがとう」がいえる人だ。

「ありがとう」は何回聞いても、耳にタコができることはない。人の心に届く、最高の言葉だといってもよいだろう。

教えてくださって「ありがとう」。誘ってくれて「ありがとう」。人になにかをしてもらったときは、誰だって「ありがとう」を口にする。

知人のOさんは、さらに一枚上手《うわて》で、自分が誘ったとき、自分がなにかをしてあげたときにも、相手に「ありがとう」の気持ちをたくさん込めて話す。

自分が誘った場合には、「今日は、よくいらしてくださったわ。なにかとご用もおありでしたでしょうに。おかげさまで、会も賑やかに盛り上がりました。本当にうれしかったわ」と心からの謝意を伝える。

自分が相手になにかを教えたというような場合も、彼女は相手の手をとって、「今日は楽しい時間を本当にありがとう。ご一緒に行動できて、とても充実した一日になったわ」という。

これは、作り物の言葉ではない。心からの「ありがとう」だからこそ、相手の心に届くのである。

こちらが「ありがとう」といえば、相手も「こちらこそ、ありがとうございました」と自然に返せる。こうした「ありがとう」の連鎖から生まれるおたがいへの感謝や尊敬は、たがいの距離を一気に縮める効果を生み出すものである。

「ありがとう」の連鎖で終わった関係は、次に会ったときに、前からの友だち同士のようになる。なごやかで、楽しい気分で接することができるようになっているはずだ。

「ありがとう」とよく似ている言葉に「すみません」がある。だが友だち同士では、できるだけ「すみません」は使わないほうがよい。

「すみません」は「相済まぬ」。つまり、どのようにお詫びしても、帳消しにできないような失礼や失敗を犯してしまいました、という申告なのである。そういわれて、心がなごむ道理がない。

「そこにあるものを取ってください」と頼んだとき、それを受け取りながら、「すみません」という人がいるが、この場合も「ありがとうございました」のほうが、ずっと温かい印象で謝意を伝えることができる。

そして、「ありがとう」をすぐにいえるようになったら、次は、それに磨きをかける。

いうまでもないが、「ありがとうございました」は、相手に聞こえるように語尾まではっきりということ。年をとると、どうしても声がくぐもりがちになるので、意識してはっきりいうようにしないと、口の中にこもってしまい、相手には「あり……」ぐらいしか聞こえない。

それから、「ありがとう」は大安売りをしても、真意は伝わりにくい。なにに感謝しているのか、具体的に伝えることが大事なのだ。

相手の家に招かれ、手づくりのクッキーをご馳走になったなら、「今日はお招きいただいて、本当にありがとうございました。このクッキー、癖になりそう」などと、ちょっとユーモアを交えていえれば最高だ。

最初のうちは意識して、具体的な「ありがとう」をいうように努めていると、やがて、それが自然に身についてくる。そのころには、あなたの友だちリストはぐんと厚くなっているはずだ。

◆友だちと自分は一心同体!?

友だちになるとは、どういうことか。そのイメージは人により違う。

なかには恋人でも夫婦でもないのに、一心同体感を求める人がいる。自分が悲しいときには、友だちもわがことのように悲しんでくれるのが当然と思う人。自分がうれしいときは、友だちも同じように喜んでくれると信じて疑わない。

こういう人は、ことあるごとに電話を鳴らす。

「もしもし、Iさん。ちょっとうれしいことがあったのよ。聞いてくれる？」

聞けば、孫が初めて歩いたというようなことだったりする。

「もう、どうしたらいいか、わからなくなっちゃって」と悲痛な口調で話し始めるので、心配になって聞いてみると、「娘が転職したいといいだした」というようなことだったりする。

もちろん、そういう話も聞きたくないわけではないが、これがほとんど毎日のように繰り返されると、さすがにうんざりしてくる。

だが相手は、友だちは自分と一心同体だ。単純にそう信じているだけなのだ。だから、よけい困ってしまうのだが……。

こういう人は、友だちと一緒でないときにも、いつも友だちのことを思い浮かべているようだ。それだけならいいが、それを行動で表さないと気がすまない。これには辟易《へきえき》してしまう。

「息子夫婦とドライブに行ったとき、あなたにもお土産に一つ買ってきたのよ。私とおそろいよ」とか、「これ、私の大好物。お取り寄せしたの。きっと、あなたも好きになると思うわ」という。

まったく悪気はないのだが、ある程度の距離を保たないと、一時的には友だちが増えても、結果的に、人に疎《うと》まれることになる。

「友だちとは、気持ちは一緒に、テントは離して」、アラブの格言にこんな言葉がある。友だちは、気持ちは一緒でも、生活の場であるテントは離れているほうがよい。つまり、いくら友だちでも生活は別だということを認識しようということだ。

いくら親しくても、同じライフスタイルや価値観を持っていなければならないというものではない。もっといえば、ライフスタイルや価値観が、一心同体といえるほど一致していなくても、気持ちは通じ合える。それこそが友だちの醍醐味《だいごみ》だし、真骨頂というものではないだろうか。

「親しき仲にも礼儀あり」ともいう。この言葉には、いくら親しくても、自分の思いどおりに振りまわすべきではないというニュアンスが込められている。

友だちには友だちの価値観があり、世界も生活も別である。このことを認識していれば、なにもかも一緒でなければ気がすまないという、子どもじみた気持ちとは決別できる。

◆「NO」といえる間柄

シニア世代になると、ようやく社会のしがらみから解放されたと、清々しい気分になれる。そんなところへ、本当はあまり気乗りがしない誘いがあり、「NO」を言いそびれ、ずるずる参加する羽目になった、ということはないだろうか。

気乗りがしていないことは、相手にもちゃんと伝わってしまうものだ。無理して出かけていったのに、なんとなく盛り上がれず、そんなあなたに周囲はかえって気をつかう。気分は連鎖するから、不機嫌はたちまち全体に蔓延する。

気が進まないなら、誘いを受けたその段階で、はっきり「NO」というべきだ。重い気分で参加するよりも、そのほうが自分も、そして相手もすっきりするはずである。

実は、「NO」というのには、かなりの勇気を要するものだ。人は、人とつながっていないと恐ろしくてたまらないという心理を持っている。「NO」は、そのつながりをみずから断つことにほかならないからだ。

だが不思議なことに、やたらに「YES」を連発している人は、結果的に、すべてのつながりが希薄になっていく。八方美人は嫌われるという結果が待っているのである。

人には個性もあれば、好き嫌いもある。都合だってある。全方位で、「YES」ということはあり得ない。なんにでも「YES」という人は、かえって不誠実な印象を与えてしまいかねないのである。

評論家の勝間和代《かつまかずよ》さんは、ベストセラーになった著書『断る力』(文藝春秋)の中でこう書いている。二〇代後半の勝間さんは、まだ仕事のオファーを断ることができなかった。お声がかかった仕事はなんでも引き受けていたため、忙殺されるばかり。結果的に、仕事はたんに「こなす」ことに終始するようになってしまっていた。無理もない話である。

だが、「断る力」を身につけてからは、仕事を選別して引き受けるようになり、一つひとつの仕事に対して、自分が納得のいくまで時間を費やせるようになった。当然、結果も違ってきた。現在の成功の理由がすべて「断る力」のためではないだろうが、「断る力」のもたらしたものはかぎりなく大きかった。

いうべきときには勇気を出して、「NO」といってみよう。

「NO」はけっして相手を拒否することでも、意地悪をすることでもない。ただ、おたがいの好みや立場のちがいから、その件に関しては一緒に行動できないというだけの話だ。「せっかくのお話だけれど、今回はちょっと」といえば、あっさり、あなたの「NO」は受け入れられるはずである。

とはいうものの、同じ人の誘いを二度、三度と続けて断ることはできるだけ控えたい。「NO」といいはめになったら、今度は自分から誘いの電話をかけるくらいのフォローは必要だろう。

もし、その誘いに相手が「NO」といったとしても、それは前回、自分が断ったからだなどと考えないこと。それぞれ自分の世界を確立しているシニア世代の友だちづき合いは、おたがいに相手を尊重する気持ち、もっといえば、相手のわがままを寛大に受け入れる気持ちを大切にしないと、成り立ちにくいとわきまえていたほうがよい。

◆「だから、よかった日記」で明るく生きる

「私って、どこまでラッキーなのかって、自分でも驚いているのよ」

久しぶりのYさんからの電話。どんないいことがあったのだろうか。実はこの電話は、がんで入院していて、二、三日前に退院したという報告の、開口いちばんの言葉である。

話を聞くと、Yさんのがんは早期発見というには少し遅かったが、転移前だったので、手術できれいに取りきれたのだそうだ。手術後の抗がん剤との相性もよく、ほとんど後遺症らしき後遺症もなかったそうだ。だから、大ラッキー。これがYさん流の考え方だ。

こんな風に底抜けに明るいから、Yさんのまわりには自然に人が集まってくる。誘蛾灯《ゆうがとう》ではないが、蛾も人も、明るさに引かれて集まる習性があるものなのだ。

Yさんは、地元のあるスナックでは「飲み放題・食べ放題」を約束されている。小さなスナックだから、Yさんがいるとそれだけで店全体が明るくなり、その場に居合わせたほかのお客さんまで、元気が出てくる。その結果、ふだんより売上がアップする。だから、Yさんの飲み代ぐらいお店が負担しても、もとは取れるというのである。

この話からも、Yさんがどれほど明るいかわかるだろう。

だがある日、Yさんから、「私は、本当はこんな賑やかな女じゃなかったのよ」という話を聞いてびっくりした。

若いころ、Yさんはむしろ控えめで、どちらかというと暗い性格。「われながら、湿っぽい人間だったのよ」という。

これでは損だと思うようになり、四〇代を迎えるころに性格改造に乗り出した。

Yさんが試みた性格改造とは、「だから、よかった日記」をつけることだった。日記といっても、小さなノートにその日にあったことをメモ書き程度に書くだけ。だが、最後の行に必ず「だから、よかった！」と大きな字で書く。それだけだ。

でも、「だから、よかった」と書いて終わると、本当にその日あったことはすべてよかったことのように思えてくるから不思議なものだ。

「今日は一日、歯痛に悩まされた。……だから、よかった」

歯が痛くならなければ、歯医者に行こうという気にはならなかっただろう。歯医者に行ったからこそ、ほかにも悪くなりかけているところを発見してもらえた。しばらく歯医者通いすることになるが、これで老後に向けて、歯の健康への備えは万全になった。

「今日は、衝動買いをして無駄づかいをしてしまった。……だから、よかった」

衝動買いに走る心理の底には、強いストレスがあることが多い。笑ってすませられることができる程度の衝動買いで、その強いストレスを発散することができたのだから、本当によかった。

この「だから、よかった日記」を続けていくうちに、Yさんはどんどん、ものごとを明るくとらえられる性格に変わっていったのだそうだ。

年をとると、しだいに弱音やグチが多くなる傾向がある。そういう傾向に気づいたら、Yさんにならって「だから、よかったの発想」を採り入れてみよう。

世の中は不思議なもので、どんなことでも必ず「よかった」と思える側面を備えている。「よかった」を入り口に、ものごとをとらえる習慣がつけば、弱音やグチとは決別できる。明るく前向きの思考は、まわりの人まで元気にしてしまう大きな力を持っている。

そして、なにより「よい」ことは、その力や明るさに引かれて、友だちがどんどん増えていくということだ。

第四章

〝ひとり老後〟友だちづき合いのタブー

——だから、あなたは嫌われる!?

◆昔の肩書きにしがみつかない

何年も名刺で仕事をしてきた人が、定年を迎え、肩書きがなくなると、自分のことをとたんに糸の切れたタコ状態になったように感じるらしい。そういう人が乱発するのが、「○○社で××部長をやっていました」というような、過去にさかのぼった自己紹介だ。

大学の同窓会や部活の仲間が集まる席ならまだいいが、仕事にはまったく関係のない、たとえばマンションの集会などで突然、こう名乗ったりする人がいると、呆《あき》れられてしまうだろう。

女性でも、シングルでキャリアコースを突き進んできたような人には、こういうタイプを見かける。「私はこれまで仕事、仕事の人生でしたので……」という言葉の裏には、専業主婦をしてきた人をどこか見下しているようなニュアンスがこもっていないだろうか。

こうした態度は、最初からまわりの人をシャットアウトしているのと同じである。こんな人に、新しい友だちなどできるはずはない。

元○○を口にしてしまうことの本当のマイナスは、友だちができにくいことだけではない。つい、もとの仕事を口にしてしまうということは、まだ気持ちの切り替えができていない証拠である。

この際、意識を切り替えなければ、人生のセカンドステージを本格的にスタートさせることなどできないことに気づきたい。ひとり老後に必要なのは、肩書きはとれても自分は自分であり続けるという、いさぎよい覚悟だ。

もちろん、長年培《つちか》ってきた仕事のノウハウやスキルは、これからも役立つ機会はいくらでもあるはずだ。そんなときには、むしろ積極的に持っているノウハウやスキルを提供しよう。

あるマンションで、築十数年を経て大々的な補修工事を行なうことになった。マンションを建築したデベロッパーが補修工事計画の図面や予算を作成。居住者に提案したところ、理事の一人が図面を注意深く見ているうちに、より効率的な工法があるのではないかと発言した。

彼はこのときになって初めて、「いや私、建築関係の仕事をしていたもので……」と、現役時代の仕事内容を明かしたのである。

すると、こんどは別の理事が予算書について発言した。「私は銀行勤めでしたので、数字を読むのは得意なんですよ」と口を開いたのだ。

結局、この補修工事は当初、提示された案にはなかった工法で行なうことになり、公正な「相《あい》見積もり」をとるというアイデアも採択され、その結果、予算も大幅に削減できた。元○○が大いに価値を発揮したわけである。

このケースが教えているように、元○○はそれを生かすべき場で、大いに活躍させればいい。だが、それ以外の場では、元○○にはしがみつかず、できるだけまっさらな気持ちで、人生のセカンドステージを始めるようにしたい。

◆自慢と過去の詮索はマイナスばかり！

さすがに、自分から元○○と口に出すのはみっともないとわかっている。でも、もっとタチが悪いのは、本心ではそれを周囲のみんなに知ってもらいたくて、ウズウズしている。そんなケースだ。

そこで、さりげなくそうした話になるように、巧みに誘導していくのである。

たとえば、手元の雑誌などをパラパラめくり、ある有名人の写真のところをわざと開く。そして、さりげなく、こういったりするのだ。

「あら、△△さん。ちょっと年をとったわねえ」

周囲はこの言葉に反応し、「ご存じなの？」「ええ、仕事をしているときに、何回かお目にかかったことがあるのよ」。これをきっかけに、自分が大手の出版社で編集者として華やかに活躍していたことを、ペラペラとしゃべり始めるという具合である。

また、自分の過去を知ってほしい気持ちの強い人にありがちなのが、やたら他人の過去を知りたがることだ。

「とてもしっかり自分を持っていらっしゃるのに感心しました。なにかお仕事をしていらしたに違いないとピンときたんですよ。で、どんな仕事をしていらしたの？」などと、初対面の席から、尋問口調で相手を質問攻めにしたりする。

相手の過去や家庭事情などをやたらに詮索する人は、シニアの友活ではとくに嫌われやすいものだ。ふつうはシニア年代まで生きてくれば、肩書きや勤務先、もとの勤務先が一流企業であるかどうかだけで、その人の価値が決まるものではないと、身にしみてわかっている。

もし、それがまだわからず、人の過去が気になってしょうがないとしたら、その人は精神的に未成熟で、大人になりきっていないといわれても文句はいえない。まして、質問攻めにするなどあり得ない。いうまでもないが、誘導尋問も、である。

しかし、自分では気がつかないうちに、自慢たらたらの話しぶりをしてしまう。おまけに、自分がこれだけ過去を明かしたのだから、あなたも過去を明らかにしろと、無言の圧力を加えるケースがある。

「定年になって、本当にほっとしています。実は小さい会社でしたが、一応、重役なんかやらされていましてね。経営責任ってけっこう重いものでしてね。少し前まで、手形を落とせない夢を見ることもあったくらいです。あなたにも身に覚えがありそうだなぁ」

相手にハナを持たせるようでいて、内心では、相手から「いやあ、私なんか、やっと課長で定年でしたよ」というような、つまり、自分が優位に立っていることを確認できる返事を心待ちにしているのである。

シニアの友活はおたがいに、ただのおじいさん、おばあさんというポジションで始めるからこそ、芽生えやすく、育てやすいことを肝に銘じておきたい。

◆子どもや孫の話はするだけ損

最近は、シニアでも多くの人が携帯電話を持つ時代だから、孫の写真を携帯の待ち受け画面にしたりしている。すると、誰からともなく孫の話になる。

「誰に似たのか、とってもお利口なのよ。まだ三歳ですけど、平仮名はもうみんな読めるんです」

微笑ましくはあるが、こんな幼い子どもの自慢がどれほどアテにならないかは、自分自身の子育て経験からも、よくわかっているはずではないか。「一〇で神童、一五で才子《さいし》、二〇過ぎればただの人」という言葉もあるが、自分の子どもは神童とまではいかないものの、天才くらいには見えてしまうことがある。

身内でまったり目を細めているだけならご愛嬌《あいきょう》だが、はたから見ると、かなりみっともない姿であると自覚したほうがよい。

誰にだって、負けん気というものはある。自慢されたほうも、そのときは「素晴らしい息子さんですね。うらやましいわ」などと応じていても、どこかでリベンジしたいという気持ちが芽生えてきたりする。

その人のいないところでは「○○さんの息子さんって、国立出だそうだけど、四○過ぎてもまだ独身ですってよ。しかも、毎週末には実家に帰ってくるなんて、気持ち悪いと思わない？」などと、変な話に発展し、よけいな噂話のネタになるくらいがオチなのだ。

シニア世代になると、自分の世界が広がりにくくなっているから、うっかりしていると、手近な子どもや孫の話題ばかりになりがちだが、しかもそれは、たいてい自慢話に聞こえる。ぜひ、注意したいものだ。

◆「おごり」に隠された落とし穴

「友だち関係を壊したいなら、相手にお金を貸せばいい」という。また、「友だちにお金を貸す場合は、あげるつもりで用立てるように」、格言の本にはそう書いてある。

では、本に書いてあるとおり、「返してもらえなくてもしょうがない」と割り切ってお金を用立てたとしよう。

実際、相手はなかなかお金を返さない。事情は理解しているつもりでも、心の底の底には、「あのお金はもう返ってこないのかなあ」という気持ちがとぐろを巻いてくる。そして、相手への不満がカマ首を持ち上げてくる……。人にお金を貸すということは、むずかしいものなのである。

だから、人にはお金を貸さないと決めている賢明な人もいる。しかし、そういう人でも、「おごるよ」のワナには、はまることがあるので用心しよう。

喫茶店やレストランで、一緒におしゃべりを楽しんだあと、お勘定を自分だけで支払いたがる人がいる。最近はシニアの間でも、都心部のホテルや高級レストランでランチを楽しむ「ランチ・グルメ」が人気を集めているが、こうした席でも、「今日は私が」と、請求書を奪いあう光景をよく見かける。

相手にご馳走したいとは、なんて美しい光景だろうか。しかし、そう見る人はいない。はた目にはいささか滑稽《こっけい》で、正直にいえば少々見苦しい。

それぞれが、自分が食べた分はちゃんと自分で支払う。仮に、どちらか一方が、明らかにリッチだとしても、そういうことを持ち出さないのが、友だち関係の基本ルールではないだろうか。

相手の誕生日、賀寿《がじゅ》のお祝いなど、特別な理由があるときには、店に入る前に「今日は、誕生日のお祝いにご馳走させてね」とひと言、告げておけば、支払いのときスマートにことを進められる。

男同士のつき合いでは、飲み代をどうするかで同じ光景が展開される。アルコールが入っていると気が大きくなるタチの人がいて、率先してみんなの分を引き受けたりする。だが、こういう関係が重なると、「いつもおごってやっている」「いつもおごってもらうばかり」というイヤな上下関係が生まれてしまう。

お酒が入る前に「ワリカンにしよう」と、ちゃんと話し合っておいてこそ、スマートな友だち関係を長く続けていけるのである。

◆「手づくり」よりも「消えもの」プレゼント

ひとり老後では、たっぷりある時間を活用して、手芸や趣味の小物づくりに没頭することができる。趣味に打ち込める時間がたっぷりあるというのは、うらやましいことだ。大いにおすすめしたい。

だが、「手づくり」という趣味には、一つだけ欠点がある。できあがった作品をまわりの人にあげたがる、ということだ。そういえば私もと、思いあたる人もいるだろう。

私の友人は最近、親しくなった友だちから、手編みのニット帽をプレゼントされた。その人がかぶっていた帽子を、うっかりほめてしまった結果である。ほめたといっても、正直にいえば、ほとんどお世辞だ。

挨拶代わりのつもりだったのに、相手がまともに受けとめてしまい、「これ、実は自分でつくったのよ。案外、簡単にできるの。あ、今度、あなたに」と一気に宣言されてしまったという。

ところが、この友人は大の帽子ぎらい。かぶっている間はいいのだが、レストランなどで帽子を脱ぐと、髪の毛がぺちゃんこになっている。それがイヤだというのである。

だから、このときもあわてて、「そんなお手間をかけては申し訳ないわ。本当にお気づかいは無用よ」と申し出を断ったのだが、いい気分になっている相手に、そんなことは伝わらない。次の機会にはちゃんと、帽子を編んできてくれたのだった。

以来、友人は、その人と会う可能性がある日には、帽子をかぶっていかなければならなくなった。

手づくりの人形、和紙でつくった眼鏡入れ、皮細工のペン皿、布や紙の造花……。どれだって、心も手間もかかっていて、とてもありがたいとは思う。

だが、正直にいえば、ほとんど使わない。それなのに、その人が自宅を訪れるかもしれないという間柄だと、いつも目に見えるところに置いておかなければならない。

手づくりのものは、相手の思いがこもっているから、なかなか捨てにくい。そして家の中は統一性のないもの、そしていつのまにかホコリ焼けした手づくり品であふれ返る羽目になるのである。

また、旅のお土産も始末に困ることが多い。とくに困るのが、ちょっとしたインテリア小物などの装飾品だ。一つひとつはかわいらしく素敵でも、いくつか集まると、ただのゴミに見えてしまう。

上手に贈り物をするコツは、「消えもの」を贈ることだという。「消えもの」とは、用がすんだら消えてしまうもの、という意味だ。食べ物や、最近の流行りなら、おしゃれなキャンドルとかソープなどである。

神社のお札《ふだ》などは親戚など、身近な人以外には控えたほうがよい。お札やお守りは、自分で求めたものでなければ効き目がないと考える人もいるからだ。

◆プライベートな事情を聞いてはいけない

現役時代の人間関係は、たいてい名刺の交換から始まったものだった。名刺を見れば相手の勤務先から所属部署、役職まで、一目瞭然でわかる。相手の立場や状況はそこから類推できるので、会話のベースになる情報は、それで得られるというわけだ。

だが、シニアになってからの人間関係は、「私はこういうもので……」と名刺を差し出して始まるわけではない。せいぜいが、「斉藤です」「田中です。どうぞ、よろしく」と名前を名乗り合うぐらいである。

そこで、相手のことをもっと知りたくなる。その気持ちは十分わかるのだが、よほど注意していないと、つい、相手に深く立ち入った質問を連発していたりする。

とくに、ひとり老後の長い人には、さまざまな事情を抱えた人がいるということをわきまえよう。

ずっとシングルを通した人に向かって、「一度も結婚しようと思わなかったんですか」などと聞く人がいる。もしかしたら、婚約者を思わぬ事故で失ったのかもしれないし、結婚したいと思う人がいても、ひとりで親の介護をしなければならなかったなどの理由で、やむなく結婚をあきらめたというケースだってあるだろう。

ほかにも、結婚したいと思った人に家庭があったとか、私の知り合いには、若いときに病気で妊娠しにくい体になり、それで結婚の二文字を人生から封印してしまったという人もいる。仕事が面白すぎて、結婚より仕事。この年齢までひとりできたことを、なんの後悔もしていないという人だっている。

それぞれの長い人生だ。人の数だけ物語があると思っていたほうがいい。

でも、相手のことをもっと知りたい。友だちになる以上、知り合いたいと思う気持ちももっともだ。だが、心配はいらない。人は親しくなれば、いつかは必ず自分の話を始めるものだからだ。

その話に、大きくうなずいて、とことんつき合う。相手の胸をこじ開けるのではなく、相手が自然に胸襟《きょうきん》を開くまで、じっと待ち続ける。

幸いにというべきか、仕事がからまないつき合いならば、相手がどういう人なのか、詳しい情報がなくても、そのときそのときを和気藹々《わきあいあい》とつき合うことはできるのである。

英語では、相手のことをいろいろ詮索する人を〝nose poke〟という。鼻を突っ込み、つっつきまわすという意味である。

ひとり老後の友活では、こういう詮索好きがいちばんのタブーだと知っておこう。

信長、秀吉、家康、この三武将の気性を表す有名な話がある。

「鳴かぬなら、殺してしまえ、ほととぎす」と信長。「鳴かぬなら、鳴かせてみせよう、ほととぎす」は秀吉。家康は「鳴かぬなら、鳴くまで待とうほととぎす」と、ことの成り行きを見守った。

結局、天下を手に入れたのは、泰然として急がなかった家康だった。シニア世代の友活は、この家康精神でいくべし、というところか。

◆「もうトシだから」を口グセにしない

Uさんは最近知り合い、親しくなったある方を誘って、一日楽しく過ごそうということになった。都内の名園を散策して、その後、寄席で落語を楽しみ、帰りは下町の風情を楽しみながら、上野で一杯というコースである。

二人で相談して決めたコースだけに、名園も寄席も、ちょっと一杯もとてもよかったのだが、正直いうとUさんとしては期待したほど楽しめたわけではなかった。

その理由を考えてみると、どうもその友だちが、ことあるごとに「トシ」を連発するからではないかと気がついた。

散策中も、「きれいですなあ。日ごろの鬱憤《うっぷん》が晴れるようです。このトシになると、愉快なことなんか、めったにない。毎日、憂鬱《ゆううつ》なことばかりですから」という。

ちょっと足をとられて、つまずきそうになると、「気をつけてくださいね。トシをとると、ちょっと転んだぐらいで簡単に骨折してしまいますから。私の知人など、最近、足をとられて、ちょっと手をついたら、手首を骨折してしまった」という。

落語でひとしきり笑ったあとも「このトシになると、寄席や歌舞伎などがいちばん楽しめますね」とニッコリする。

相手はニコニコ終始上機嫌で一日を楽しんでいたようで、このコースで疲れてしまったということでもないらしい。「トシ」を連発するのは単なるログセのようなのだ。

シニアどうしのつき合いだ。たしかに、おたがいに若いわけではない。そして、Uさんも、けっして若さにしがみつこうと思っているわけではない。

だが、ここまで「トシ、トシ」といわれると、正直、なんとなく気分が萎《な》えてくる。

年齢意識には、かなり個人差がある。だが、一般的な傾向として、年齢意識はしだいに若返る傾向がみられる。実際、一昔前に比べると、年齢意識は五～一〇歳は若返っているのではないだろうか。

介護保険など法律のうえでは、原則として六五歳以上を高齢者と呼んでいる。これはWHO（世界保健機構）の規定に従ったものだが、いまや元気で若々しい六五歳以上が増えてきている。公然と高齢者と呼んでいいのは、七五歳以上の後期高齢者くらいからが目安ではないだろうか。

前期高齢者の間、つまり、七五歳以前は、自他ともに「トシ」意識は捨てていいと思う。もちろん、若いときとまったく同じとはいかないが、まだまだ元気なのだ。自営業ならば、まだまだ現役で、経験値を生かした、いい仕事をしている年代だ。

もちろん、七五歳以上になったからといって、必要もないのに「もう、いいトシだ」など意識する必要はまったくない。

年に何回か日帰り旅行を一緒に楽しんでいるある女性グループでは、「トシ」という言葉を口にするたびに、一〇〇円のペナルティを課すことに決めている。誰かがうっかり「トシ」というと、すかさずほかの誰かが、「ハイ、チャリ〜ン」などという。

こんな風にペナルティをつけても、一日の終わりには、その「チャリ〜ン」でお茶をすることができることもあるというから、「トシ」を口にしないというのは、けっこうむずかしいことだとわかる。

だが、だからこそ、日ごろからひとりでいるときも、「トシ」という言葉を口にしないように注意しようというわけである。

ひそかに自分自身に罰金制度を設け、「チャリ〜ン」がたまったら、「ひとりご馳走」を味わうのもいいかもしれない。

◆砂時計で長電話にストップを

ひとり暮らしでは、つらい思いを自分ひとりでは支えきれなくなり、つい、親しい友だちに電話をかけてしまう気持ちは痛いほどわかる。

ひとりでいると、たまらなく人の声が聞きたくなることがある。時計を見るとすでに夜中だ。悪いかな。でも、ちょっと声を聞くぐらいならば……。早朝や深夜に、ふっと電話機に手がのびてしまった。そんなことの繰り返しではないだろうか。

「つらいの」と訴えたくて、電話をした日もあるのではないだろうか。

だが、電話の向こうの友だちからは、元気に過ごしている様子が伝わってくる。ちょっとだけ声を聞きたかっただけのはずが、つい、自分の思いを延々と聞いてもらいたくなる……。

ひとり老後を送る人の中には、長電話の常習犯が少なくない。とくに仕事や用事はないから、時間が気にならない。だが、これが落とし穴になってしまうのだ。

話し始める前に、「いま、大丈夫？」と聞いているわよ」という人もあるだろう。だが、相手は、五分か一〇分ぐらいならばと軽く考え、「いいわよ」とか「どうぞ」という。

ところが、そのうち三〇分が流れ、一時間たち、まだ電話を切る気配がない。ふと気がつくと、もう一時間以上も孤独な友だちの相手をしている……。

一時間あれば、あれもできた、これもしたかった、と相手はしだいに「もう勘弁してよ」という気になってくる。長電話は相手の時間を奪ってしまうものであることに気をつかいたい。

知人のひとり老後を送る女性は、昼間はいいのだが、夜になると、どうしようもなく人恋しくなるメンタリティの持ち主だった。食事をすませ、お風呂も終わり、でも、まだ眠たくない。そんな夜は、つい電話機に手が伸びる……。

だが、彼女はそんな自分を上手にコントロールしていた。旅先で買った砂時計を利用していたのである。砂が落ち切るのに五分。もう一度、ひっくり返して一〇分。彼女は、それを電話時間と決めていた。

もちろん、おおよその目安だ。だが、そのうちに一〇分程度というのは、自分にとってもほどよいおしゃべり時間だと気がつくようになった。

友だちの声が聞けたので、夜の寂しさは十分にまぎれた。電話の後は落ち着いた気持ちで本を読んだり、お気に入りのアーティストのCDを聴いたり……。自分なりの時間の過ごし方が身についてきた。

長電話グセがある人は、こんな工夫を採り入れて、電話時間をコントロールするようにしてみてはいかがだろうか。

◆カレンダーの名前が〝電話魔〟を防ぐ

長電話はひとり老後を送る女性にはかなりポピュラーに見られる、一種の「依存症」だ。自覚症状には乏しいが、「特別に用はないのだけれど、つい電話をしてしまうことが、週に二回以上ある」という人は、すでに依存症気味だと自覚したほうがよい。

この依存症撃退に有効なのが、カレンダーの利用である。電話の前にカレンダーを置いておき、特別な用もないのに誰かに電話をしたら、その日のところに電話の相手の名前を書き込んでおく。次に電話をかけるときは、カレンダーをちらっと見て、前回、いつ電話したかを確認してからにする習慣をつけるのだ。

携帯電話ならば、「リダイヤル履歴」をチェックすれば、前回の電話日はすぐにわかる。

電話しやすいのは、かぎられた人である。まず、いつ電話をかけても、話しやすい、気心の通じた人であること。そうであっても、相手が忙しかったり、家族と一緒に住んでいる人だと電話するタイミングも、電話で話す時間もかぎられてくる。そうしたことから、つい同じ人に電話をかけるようになってしまうものなのだ。

だが、カレンダーのメモやリダイヤル履歴を見てから電話する習慣を身につければ、自然に、同じ人に頻繁に電話してしまうことにブレーキをかけられる。

もちろん、用事があるときは別だが、単なるおしゃべり電話なら、少なくとも一〇日から二週間は、間をあけるようにしたい。

しょっちゅう用もないのに電話をかけていると、そうそう新しい話題もないから、気がつくと同じような話を繰り返し話している。いくら親しい間でも、これでは自分も相手も盛り上がるわけはなく、しだいに相手の電話がうっとうしく思えてきてしまう。

かといって、反対に「用がないかぎり、電話をかけないようにしている」というのも、かたくなに過ぎる。

ときどき電話をもらう友だちには、三回に一回ぐらいは、こちらから電話をかけるのも気づかいのうちだと思う。電話料金の問題もあるが、それ以上に「電話をかけてきてくれた」という相手の思いがうれしい。

おたがいに、ほどよい間隔で電話でおしゃべり。これも、ひとり老後の友情のはぐくみ方の一つではないだろうか。

◆自分の価値観を押しつけない

シニアになると、誰でも多かれ少なかれ、健康上の悩みを抱えるようになってくる。

「最近、少し長く歩くと足先に軽いしびれがあるのよ」とか、「ちょっと根を詰めて本を読んだりすると、頭の芯が重くなるんだ」。

こんな話になると、ふだんは控えめなAさんが急に饒舌《じょうぜつ》になる。Aさんは、普通の病院や医者にはかからない。西洋医学を否定して、すべての不具合は東洋医学の治療や薬で治そうとしている人だ。

それは本人の価値観だから、他人が四の五のいうべきものではない。

最近では、「ディクシャ」という、古代インドから伝わる伝承療法にも傾倒している。「ディクシャ」とは「グル」と呼ばれる師が、治してほしいところがある人の頭頂に手を置いて、高次元エネルギーを伝授する方法をいう。

すぐれた師になると、遠く離れたところにもエネルギーを送れるようになるとかで、必ずしも直接、頭頂に触れながらエネルギーの注入を受けなくても、遠隔操作によるエネルギー注入で、めざましい効果があるという。

Aさんは、足が痛い、頭の芯が重いという人に向かって、「ディクシャ」が効果的だとか、鍼灸以外には治らないなどと熱く語り出すのである。そして、自分が信奉している師を紹介してあげるからと、かなりしつこく語り続ける。

誤解しないでほしいが、師を紹介したからといって、Aさんになにか見返りがあるというわけではない。心からの親切で、自分が試みて効果があったことを友だちにもぜひ、紹介したいと思っていることはたしかなのだ。

だが誰もが、こうした治療法に関心があるとはかぎらない。いや、あまり関心のない人も、かなり多いと考えるべきではないか。

といっても、Aさんが熱心に東洋医学を説き、西洋医学の批判をするものだから、関心がない人も、Aさんの話を無視や中断するわけにもいかず、お説ごもっともと聞くしかない。すると、その場の雰囲気はしだいに微妙な違和感に包まれてしまうのである。

通販のお気に入りの化粧品の効能をとくとくと解説したり、効用のわからない民間療法をすすめたりしたことはないだろうか。

あるいは、こんなケースもある。

好きな俳優の話をしている。相手は渡辺謙《わたなべけん》がいいというのに、「渡辺謙はどの作品を見ても、同じ印象しか受けないわ。それって大根っていうことでしょう。私は、日本の俳優では断然、緒形拳《おがたけん》に軍配を上げるわね。亡くなってしまい、本当に残念だわ」などと、したり顔で話したりしてはいないだろうか。

一緒にすき焼きを楽しんだとき、割下《わりした》を先に入れるという相手に対して、「すき焼きは最初に肉を焼いて、それから割下を入れるからすき焼きというのよ」などと、わけ知り顔に主張したことはなかったか。

ひとり老後も長くなると、自分の暮らしは自分の価値観だけで進めていく習性がすっかり身についてしまう。わが家の中だけなら、それで少しも問題はないのだが、誰かと一緒のときは、相手にも相手の価値観があり、それを大事に暮らしているのだということをちゃんと意識して行動するようにしなければいけない。

むしろ、自分の価値観はできるだけ引っ込めて、相手が好きなように振る舞えるよう、相手の話に耳をもっと傾け、行動するようにしたほうが、相手はずっと気分よく、友だちづき合いも問題なく続いていくはずだ。

もし、相手が「ディクシャ」だの「東洋の神秘」だのといい始め、自分はあまり興味が持てないというような場合には、「なるほどねえ、そういう治療法もあるのねえ」と、一応は耳を傾けるのが、相手に対するやさしさ、誠意だろう。

相手がその気になり、「紹介するわ」の段になったら、「うん、でも、もう少し考えさせてね」とかわしておけばよい。

俳優の好みだのすき焼きの順番ぐらいなら、どちらに転んだところでたいしたことはない。相手の説を受け入れ、相手にハナを持たせてあげればいいではないか。

そういう懐の大きな態度をとれる人のほうが、友だちは確実に増えていくことも知っておきたい。

◆不用意なひと言がもたらす悲劇

「口には毒と剣が潜んでいる。この毒はなにをもっても消すことはできないし、この剣の傷は、二度と回復することはない」

これは、アラブの格言集にある言葉だ。

シニア世代になるまでには、いろんな出会いを繰り返してきたはず。一時はかなり親しくなっていたのに、あのひと言を口にしたばっかりに、以後まったく疎遠になってしまった。そんな人を数えると、誰でも何本かの指を折ることになるのではないか。

「口は災いのもと」、日本にもそんなことわざがあるくらいだから、古今東西、不用意なひと言で大事な人間関係にヒビが入ってしまうというケースは多いのだろう。

友だちや仲間内で、麻雀大会や囲碁をやるときには、おたがいに軽口を言い合い、冗談めかした悪口を言い合うなども楽しみのうちというところがある。

たとえば、「今日はどうも。わざわざ負けにきてくださるなんて、感激ですわ」とか、「おやおや、また、私を喜ばせるような手を打ってくださって。ひょっとして、私に惚れていたりして」などと軽くジャブを打ち合うような会話のやりとりは、それはそれでけっこう楽しい。

だが、ある日、ある人が長年の親友にこういった。

「汚い手を使うなあ。お前は仕事でも汚い手を使うことがあるからな」

なかば冗談のつもりだったのかもしれないが、このひと言は致命傷になり、その後、二人は絶交してしまった。臨床心理学者の河合隼雄《かわいはやお》さん著の『大人の友情』（朝日新聞社）に紹介されている話で、実際にあったことだそうだ。

身のまわりでも、こんなことがあった。

若いころ、芸大を目指して画塾に通っていたことのあるIさんは、結局、芸大には合格できなかった。その後、海外を放浪したり、結婚・離婚を二度も繰り返す波瀾万丈の人生だった。

だが、シニアになってみれば、ひとり老後の仲間は多い。「結局、人生、収まるところは同じなのね」と昔の画塾の仲間や近所の絵画仲間とスケッチ旅行や、仲間で少しずつお金を出し合って個展を開くなど、それなりに楽しい仲間づき合いを楽しむ日々を送っていた。

ある日、仲間の一人が、県が主催した公募展に応募し、大賞を射止めたという報せが入った。世話好きなIさんは、すぐみんなに声をかけると、手づくりの祝賀会を開くことにした。みんな、年金暮らしか、それに近い仲間たちだ。贅沢な祝賀会は望むべくもなく、結局、ひとり暮らしのIさんが自宅を提供し、三〇〇〇円ずつの会費で宴会をすることになった。

ここまではよかったのだが、会もたけなわになり、みんな上機嫌になっている最中に、ことあろうにIさんは、こんなひと言を発してしまったのだ。

「ねえ、○○さんの大賞作品について、みんなはどう思っているの？　私は、別に飛び抜けてうまいとは思っていないわ。みんなだって応募すれば、きっと、大賞をとれたと思うの。あなたも大賞、私も大賞、みんな大賞間違いなしよ」

Iさんをフォローするわけではないが、Iさんはただ、この仲間はみな絵がうまいといいたかったのだと思う。だがこの言葉は、少なくとも祝賀会にふさわしいものではない。

気持ちよく酔っぱらっていたみなの気持ちはいっぺんで引いてしまい、なかの一人が、「すまない。ちょっと用事があるので、私はこのあたりで失礼する」といい出すと、「じゃあ、私も」「ぼくも」とどんどん抜けていき、せっかくの祝賀会は妙に後味の悪いものになってしまったのである。

本音をいえば、おそらくIさんの気持ちの底には、「自分だって応募していれば」という負けん気が渦巻いていたのではないか。嫉妬もあったに違いない。

残念なのは、この日以降、絵仲間の集まりが悪くなり、いまではほとんど自然消滅に近くなってしまったことだ。

Iさんは会の中心的な存在で、いわばまとめ役だった。そのIさんの求心力がかすんでしまったからだ。

人間には誰にでも、そしていくつになっても、人には負けたくない気持ちがある。嫉妬という、心の中に住む魔物もなかなかおとなしくはなってくれない。

だが、シニアと呼ばれる年齢なら、その魔物を押さえ込み、人前ではけっして暴れ出すことがないようにコントロールできるようになっていたいと思う。それがむずかしいなら、せめて嫉妬心もろ出しのような言葉は、どんなことがあっても飲み込むようにしよう。

暴力で身体に傷を負わせたとしても、その傷は時間がたてばきれいに治る。だが、言葉は相手の心に傷を残す。しかも、この傷はほとんど癒えることがないことを、胸にしっかり刻んでおこう。

◆ウワサ話にのってはいけない

「今日は、○○さんはお休みなのね。どうしたのかしら」まではよい。

だが、はっと気がつくと、あること、ないこと、○○さんのウワサ話で持ちきりになったことはないだろうか。

こういう話には、必ず先導役がいる。その人が、こんなふうにいったりする。

「○○さんって、ご自分のことはほとんど口にしないでしょう。そのはずよ。若いころ、奥さんのある人とつき合っていて、結局、最後には捨てられてしまったみたいよ」

ほとんど自分のことは口にしないという○○さんの過去を、どうやって知ったのかと思うのだが、先導役の人はわけ知り顔で、つけ加えたりするのである。

「たぶん、そうにちがいないと私は思うのよ。だって、そうでもなければ、あそこまで過去を隠す必要はないでしょう」

テレビでは、どの局も金太郎飴のような情報番組を飽きることなくやっている。この情報番組を見ても、いかに人は他人のウワサ話が好きな動物であるかがよくわかる。

だから、ウワサ話を持ち出せば、たしかに一時は人の心を引きつけることができるような錯覚に陥《おちい》るのだろう。

だが、やがてこうした根も葉もないウワサ話にうつつを抜かしている自分にイヤ気がさしてくる。たいていの人は、そのくらいの分別は持っているものなのだ。こうして、結局、ウワサ話を持ち出した人は切り捨てられていくことになってしまうのである。

グループの友だちづき合いを長続きさせる、ほとんどただ一つの秘訣は、その場にいない人の話はしないことだ。その場にいない人の話をするから陰口になるわけである。その場にいる人の話題ならば、近況を話し合うことになるから、トラブルに発展することはめったにない。

万一、言葉が過ぎてしまったとしても、その場で謝罪すれば、「あら、気になんかしてないわよ。大丈夫、いい具合に記憶力は下降カーブだから、すぐに忘れてしまうから」などと、ユーモアたっぷりに許してもらえる可能性は小さくない。

もし仲間の中に、「ねえ、○○さんって……」とウワサ話の花を咲かせるのが大好きな人がいたら、巧みに話題を転換し、ウワサ話を封印してしまうとよい。あるいは、そのウワサ話に言葉を返さなければよい。

「あら、そうなの」とか「そう、私もなにかあるんじゃないかと思っていたのよ」などと言葉を返すから、ウワサ話がどんどんふくらんでいってしまうのではないか。

いくらウワサ話好きだとしても、相手がのってこなければ、独演会を続けるわけにもいかない。こうしたことを繰り返しているうちに、きっとその人もウワサ話を口にしなくなると期待したい。

◆相手の話を自分の話題にすり替えない

シニアに多いのが、病院友だちだという。

生活習慣病という言葉もあるように、長い生活歴や加齢により、多少の不具合を抱えている人は少なくない。しかも、こうした病気は短期間で治癒することはむずかしく、ときにはこれからの人生、その病気と上手に折り合いをつけながら、病気と共存していく生き方を求められるケースが少なくない。

毎月一、二回、病院に通い、診察を受けて、必要なら薬を飲む。このとき、気になるところがあれば、医師に相談することもできるし、医師のほうも半年に一回ぐらいの割合で、血液検査や尿検査をするところが多いから、ほかの病気の予防や早期発見もできる。

無病息災《むびょうそくさい》ならぬ、一病息災というわけだ。

病院ではたいてい、かなりの待ち時間がある。そこで偶然、隣合わせで座った方となんとなく話が始まる。だいたい同じ周期で病院に通っているので、そのうち、また、ひょっこり顔を合わせることもある。

すると、「あら、また。私たち、ご縁があるんですね、きっと」というような話になる。こうしたことを何度か重ねているうちに、病院で会って、帰りは昼ご飯を一緒に食べるようになったりする。

これが、病院友だちというわけだ。

聞くともなしに、病院友だちの会話を聞いていると、おたがいに、いかに自分の病気のほうが重いかを競い合っているようなところがあり、興味深い。

「私、今朝、血圧が一六〇を超えちゃったんですよ」

とひとりがいえば、相手は、

「あら、一六〇ぐらいならいいわよ。私は放っておくと、一八〇から、ひどいときは二〇〇ぐらいになってしまうの。だから、ここの先生のお薬なしには一日も暮らせないんですよ」

こういう会話になると、おたがいに自分のほうがいかに重いかを競い合うように病気話を展開し、相手の話はほとんど耳に入っていかない。

だが、どっちもどっち。おたがい自分の病気について、話したいだけ話して満足しているのだから、それでよしとすべきなのだろう。

人はとことん、他人には負けたくないという気持ちが強いのだ。それが、人の生存本能の現れというべきなのかもしれない、と思うくらいだ。

日常の会話でも、少しも相手の話を聞こうとしない人はあんがい多く、実は、こういう人はちょっと困る。人がなにか話し始めると、すぐに相手の話を乗っ取ってしまうのだ。

「この間、もう少しで振り込め詐欺にあうところだったの」

相手の話はこれからが本番だというのに、ここまで聞くだけで、「そうそう、私もそういうことがあったのよ」と、気がつくと自分の体験談をペラペラと話し始めている。芝居の話、旅行の話……。どんな話題でも、自分ばかりがしゃべりまくっているのである。

「テープライター」という仕事がある。インタビューなどの録音をそのままパソコンに打ち込んで、文章にする作業を受け持っている。業界用語では、「テープを起こす」などといったりする。

この起こし原稿をもとに、今度は原稿担当のライターが、会話の流れを整えたり、必要な原稿分量に調整したりして、雑誌などのインタビュー原稿や対談記事を完成させるのである。

Oさんは、ベテランのテープライターだ。出版社や編集プロダクションから、いろんなテープを預かり、原稿を起こしている。そのうちに、相手の話を引き出そうとするからなのだろうが、自分のほうがたくさんしゃべっているのではないか、といいたくなるほど多弁なインタビュアーもいることに気がついた。

そうしたことから、ふっと自分はどうだろうと気になり、ある日、自分と友人の会話を録音し、再生してみた。といっても、おおげさなことをしたわけではない。ICレコーダーをポケットの中に入れていっただけだ。

再生してみると、自分ではまったく自覚はなかったが、けっこう、自分もよくしゃべっている。ときには、相手の話をしっかり受けとめることを忘れて、自分の話題にすり替えてしまっていることさえあるのにも気がついた。

それ以来、Oさんは相手の話が完全に終わるまでは、もっぱらあいづちを打つだけにしようと決めてしまった。そのかわり、あいづちは「そうなんですか」のワンパターンではなく、「驚いた!」とか「どんなにつらかったでしょうね」「不思議なことがあるものなのねえ」「そこまでいけば、もう安心ね」などと、多少長めのものもまじえて、いろんなバージョンを使い分けるようにしている。

ちょっと作為的に聞こえるかもしれないが、人間というヤツは、このくらい努力しないと、人の話をしっかり受けとめ、ちゃんと聞くことはできない生き物であるらしい。

◆「ポジティブ」「前向き」に縛られない

シニアになっても、気持ちはいつまでも若々しく元気に。もちろん、大いに賛成だ。

だが、その一方で、年齢が進むにつれて、自然に少しずつ生命の勢いを陰らせていく、そんな自然な老い方も身につけていきたいと思う。

太陽が見せてくれるさまざまな美しい光景の中でも、夕陽が静かに落ちていくときに繰り広げる光景は、しみじみと心にしみて美しい。その夕景のように、静かに年老いていくこともまた、シニアに求められる一種の心意気ではないだろうか。

ところが、なかには老いることをいっさい拒絶し、いつまでも若くいることが、いちばん大事だと信じて疑わない人がいる。こういう人は、やたらに「前向き、前向き」と口にし、あるいはポジティブという言葉を金科玉条《きんかぎょくじょう》として掲げている。

しかも、こういう人は多くの場合、単細胞な人が多く、どんなときにも、誰に対しても、前向きがいちばんだという不動の考え方を持っている。

イベントなどをやるときには重宝だが、実際に友だちづき合いをするとなると、口を開けば「前向き」だの「ポジティブ一辺倒」では、まわりは少々くたびれてしまう。

ヘルマン・ヘッセは晩年に、『人は成熟するにつれて若くなる』（草思社）という本を書いている。この本で提唱しているのは、年にあらがって若さを保つべきだということではなく、「年をとっていくことは、若いことと同じように美しく神聖な使命である」ということだ。

ヘッセは、老年や死は否定すべきものではなく、老いて生命力、運動力、活動力が衰えたら、衰えていくにまかせるがいい。衰えを受け入れるがいい。そうすれば、老年にしか見えないものが見えてくる、といっているのだ。

こうしたものが見えてくる、そんな体験をするには、高齢であることはむしろ必要なことだとわかってくる。数えきれないほどたくさんの見てきたもの、経験したこと、考えたことや感じたこと、苦しんだことが必要なのだ。ヘッセはそう説いているのだ。

本来は、「前向き」とか「ポジティブ」と唱えることと、老いを受け入れることは、必ずしも対立するものではないはずだ。だが、「前向き」や「ポジティブ」が好きな人は、概して老いを受け入れようとしない。

実際、いくつになっても好奇心や挑戦心を失わず、新しいことにもどんどん意欲的に挑んでいく。みごとな精神力だと舌を巻くことも少なくない。だが、これを他人にも押しつけ、グループ内の共通意識にしようとすることはやめよう。

どんなに親しい友だちでも、老いとどのように向き合っていくか。それは、人それぞれにまかせるべきと思うからだ。

第五章

幸せ元気《パワー》が大きくなる生き方

——相手の心をつかめるシニアになる!

◆「老い」は誇りを持って受け入れる

いまやアンチ・エイジングは大ブームである。誰もが口を開けば、身体を若く保つこと、肌年齢の若さをキープするためのノウハウや効能のある商品の話題に夢中になっている。

「いくつになっても若々しくありたい」という気持ちは誰もが持つ本能だといってもよい。そのためにできるかぎりの努力をすることも、むろん悪いことだとは思わない。

身体が若いことはそれだけ元気な証拠といえるだろう。肉体と精神の若さが保たれれば、いくつになっても、社会的に活躍できる可能性も広がってくる。

女優の森光子《もりみつこ》さんは、九〇歳に手が届こうという年齢になって、なお新作舞台に挑んでいる。若さを保つ秘訣は、一日一〇〇回以上も実行しているスクワット。それに、ジャニーズ事務所の若手タレントとの〝親密交際〟だそうだ。姿形も若々しく美しく、どこから見ても、老醜《ろうしゅう》などという言葉とは無縁であることに圧倒されそうになる。

こうした若々しさを保つ努力は本当に価値あるものだと思うが、ときどき若さにしがみつこうとでもしているように、とんでもなく若づくりの人を見かけることがいる。つき合う人も同年代の高齢者を退け、もっぱら若い人とばかりつき合おうとし、若い仲間に入っていることが自分の若さの証《あかし》であると思い込んでいるフシさえある。

もちろん、そうした態度も悪いとはいわない。若い人と交流できるような心の柔軟性もぜひ、大切にしたいとも思う。

だが、そうした思いの底に、もし老いを恥だと思い、老いを否定する気持ちがひそんでいるとしたら、それはまちがいだ。

当たり前の話だが、誰でもいきなりシニアになったわけではない。生まれてから、今日まで一日一日を一生懸命生きてきた。その集大成が今日の自分。シニアになった自分なのである。

老いを否定的にとらえることは、今日までの自分の人生を否定することにも通じるだろう。それは、これまで一生懸命生きてきた自分自身に失礼ではないか。

もっとはっきりいえば、ある年代になったなら、いまの年代を素直に受け入れ、若さにしがみつこうとしない態度のほうが感じよく映るものだ。老いは否定すべきものではなく、むしろ、その価値を肯定し、誇りを持って受け入れるべきものだといいたいのである。

若い人との交流は、それはそれで楽しみながら、十分に年輪を刻んできた同年代の人間関係もぜひ、大事にしていきたい。

おたがい、もの忘れするようになっていたり、老眼で若い人には難なく読める表示が読めなかったりと、シニア同士のつき合いには不便なことも少なくない。

だが、シニアの人間関係には、同じ時代を呼吸し、生きてきたもの同士でなければ通じ合わない、絶対的な共感がある。共通する体験があることほど、人間関係を安定させてくれるものはないはずなのだ。

老いを受け入れるというよりも、これまで生きてきた自分の人生をありのままに受け入れる。そうした素直さを持っている人はシニア、若い人を問わず、出会った人を知らないうちに引き寄せる力を放つようになっている。

これは誇るべきことの一つといってよいだろう。

◆上手なグチは元気の源

ひとり老後を送る人の中には配偶者に先立たれ、子どもの家庭とは別居という人も少なくない。こういう人は、ひとりのほうがずっと気楽という思いと、自分の子どもなのに結婚相手に気がねして、一緒に住めないと、どこか納得しきれない思いをいったりきたりしている場合が少なくない。

そんな思いがグチになって、つい口をついて出てきてしまうのだろう。けっこう、グチっぽい人も多いようだ。

だが、友だちならば、そうしたグチは静かに聞いてあげたい。グチをこぼして気がすむぐらいだから、相手の悩みはそう深刻ではない。口から出して発散すれば、それで気がすむのではないか。

グチの聞き役に会い、ひとしきりグチをこぼすことは、その人にとって精神安定剤を服用するようなもの、といったら言い過ぎだろうか。

グチをこぼす人は、おおむねものごとをネガティブに解釈する傾向が強い。つまり、なににつけてもグチっぽくなる傾向があるので、気をつけなければいけない。たとえば、普通だったら気持ちのよい晴天なのに、「いやぁねえ、こうお日様に照りつけられては、日に焼けてしまうわ」となるし、雨ならば「雨の日の外出は憂鬱ね。足元がすべりやすいでしょう。転んだら大変と気が気じゃないもの」と、これまたグチになる。

「イヤになっちゃうわ」「せっかく○○なのにねえ」などという口グセがある人は、こうした言葉の後にはグチが続くことが多いので、十分気をつけるようにしよう。

同じグチをこぼすのでも、もっと上手なこぼし方があることをお教えしよう。

Kさんは六〇代後半のひとり暮らし。姉弟はいるようだが、二年ほど前まで、ひとりで寝たきりのお母さんを介護していた。さぞ、大変だったと思うのだが、いつも穏やかな表情を浮かべ、グチらしいグチをこぼすのを聞いたことがない。

だがある日、彼女はふと、こういったのだ。

「ちょっと、自分で自分を支えきれなくなってしまったんですよ。グチを聞いてもらっていいかしら」

生活を支えるためとはいえ、仕事をしている彼女がひとりで寝たきりの母親の介護をしているのは、相当に負担の多い毎日のようだった。十分な年金に守られ、ゆったりと日々を過ごしているほかの姉弟たちは、たまに母の見舞いにやってくるが、慣れの問題もあるのだろうが、介護を代わってくれようとはしない。

だが、少しの間そんな話をすると、彼女は本当にさっぱりした表情になった。

「ありがとう。グチはもうおしまい。なんだか、すっとしたわ」

時間にすれば、二〇分足らずだったと思う。その間、聞き役は「そう」「大変だったのね」などと、ほどよくあいづちを打つぐらいがいい。相手のグチを、さらに深堀りするような言葉をはさむことは控えたほうが賢明だ。

上手にグチをこぼしたり、そのグチの聞き役になったり。ときには、立場が入れ代わる。そんな関係になれれば、まさに値千金のシニア友だちといえるだろう。

そして、シニア友だちならば、そんなグチの聞き役になることも受け入れたい。グチひとつこぼさないのは立派な態度のように見えるが、ときにはグチをこらえ、じっとため込んでいるうちに、心のバランスを崩してしまうこともあるからだ。

◆携帯メールを敬遠しない

携帯電話の加入数は一億台以上。いまや小学生でも携帯を持っているのが普通という世の中だ。シニア世代も、多くの人が携帯を利用しているのではないだろうか。

だが、ほとんどのシニアが電話の通話どまりで、メール機能を使いこなしている人は、まだ少数派かもしれない。

携帯メールは若い世代専用の通信手段だと思っている人が多いかもしれないが、考えてみると、シニアにとって、携帯メールほどありがたいものはない。町の雑踏の中では携帯電話の声が聞き取りにくく、ときには、携帯の着信音さえ聞きもらしてしまうことがあるだろう。

「○時×分に、△△駅の北口で」

こんな待ち合わせの約束をしたとしよう。一時と七時を聞き違えたり、北口だったか南口だったかすぐに忘れてしまったり……。わざわざ出かけて行ったのに、うまく落ち合えなかったという結果になりかねない。

だが、メールならば、文字で確認するからまちがえようはないし、忘れてしまった場合でも、メール画面にもどして何度でも確認できる。

まだ携帯のメールを使いこなしていないという方は、ぜひ、メールにチャレンジしてみよう。最近はシニア向けの、文字の大きな機種も豊富に出まわっているから、老眼でもあんがい使いやすいことに驚くはずだ。

シニアの携帯メールといえば、瀬戸内寂聴《せとうちじゃくちょう》さんの素敵なエピソードがある。

寂聴さんは八〇代に足を踏み入れたころ、初めて携帯メールに開眼したという。いくつになっても、気持ちの若さ、いや、かわいらしさを失わない寂聴さんは、「ぱーぷる」という名前でケータイ小説を書いたことがある。「ぱーぷる」はお察しのとおり、源氏物語を書いた紫式部からヒントを得てのネーミングだ。

この小説執筆と前後して、携帯メールにすっかりはまってしまったという寂聴さん。その最大の魅力は絵文字を使えることだったといっている。

あるとき、寂聴さんいわく、いつもお世話になっているえらい社長さんに絵文字付きのメールを作成したとき、うっかり、ハートマークをつけて送信してしまった。すぐにまちがいに気づいた寂聴さんは、「いまのハートマークはまちがいです。すみません。消し方がわからないので、お許しください」と、ふたたびメールしたそうだ。

すると、相手の社長さんから、すぐに返事のメールがきた。

「ハートを消すのは簡単ですよ。絵文字リストのハートの次にある、ブロークンハート（ハートが二つに割かれている絵文字）を使えばいいのです」

もちろん、これはジョークである。

おそらくは、仕事上の関係だったかもしれない社長さんに、まちがいとはいえ、ハートの絵文字をつけてメールする寂聴さんの無邪気な気持ちも素敵ならば、そのメールに、こんなウイットのある返事を出せる社長さんも素晴らしい。

こんな粋《いき》で、おしゃれなやりとりができるのも、シニアのメール友だちならではかもしれない。

◆いま、いちばんほしいものは「ドキドキッ♡♡」

瀬戸内寂聴さんの話を、もう少し続けたい。

一九二二年五月生まれの瀬戸内さんは、現在、八〇代後半に足を踏み入れたところ。若いころには、『花芯』(講談社)という小説のため子宮作家と批判され、文芸誌からの依頼がぱったり途絶えるなどの苦労を経験したこともある。

だが、そんな批判を自身の作品ではねのけると、時代を代表する人気作家へとのぼりつめる。ところが、人気絶頂の五一歳のとき、髪を落として尼僧になった。寂聴は法名だが、その後、戸籍も寂聴に改めている。

得度《とくど》後は、京都・嵯峨野の寂庵に居を定め、週末には説法を行なうほか、いまなお精力的に文筆活動も続けている。そのエネルギーの源泉は、携帯メールにはまったというエピソードが示すように、いくつになっても、童女のような無邪気さを失わないところにあるのではないだろうか。

寂聴さんが、どんなに若々しく、かわいい女性であるかは、「ぱーぷる」の自己紹介を読むとよくわかる。

「ぱーぷる」の自己紹介は「最近ケータイ小説はじめました✨ドキドキキッ ヾ(=´▽`=)ﾉ」となっている。

血液型、星座などはオープンにしているが、身長と体重は「ヒミツ💕」。自分がいちばん輝く瞬間は、「好きな人といっしょにいるとき💍」だそうだ。

いま、いちばんほしいものは、「ドキドキっ😍」。最近、頭にきていることは「世の中のおとなたち👊」。地球があと二四時間しかなかったら、「あの人に告白したい♡」。

一億円あったら、どうする? は「💰みんなとジャカスカ使いきる‼」。最近凹んだことは、「凹む」を「クボむ」って読んだら笑われたことなどなど。

もちろん、ケータイ小説作家ぱーぷるになりきっての言葉で、寂聴さんの創作もたぶんに加えられているのだろうが、やはり、どこかに素の寂聴さんが透けて見える。

こんなに天真爛漫でかわいいシニアならば、誰だって大好きになる。寂聴さんの説法は毎回、ものすごい人数が押し寄せるそうだが、その人気もよくわかる。

ちなみに、寂聴さんの携帯はピンクだそうだ。選ぶケータイも、とことんかわいらしいのである。

誰もが寂聴さんのような文筆の才を発揮できるとはいえないが、ピンクの携帯を選ぶことなら真似できる。思い切りかわいい携帯を手に入れて、絵文字いっぱいのメールを使いこなし、かわいいシニアになってみよう。

◆記念日を演出する一枚のカード戦略

「現役時代は、そりゃあ、義理がらみもあったのでしょうけど、誕生日にはいくつものブーケが届いて、同じマンションに住む知り合いに、お花のおすそわけをするぐらいだったの」とLさん。

ところが退職したあとは誕生日といっても、届くのは小さいころ、かわいがっていた姪からのインターネットのカードくらい。ほかにも甥、姪はいるのだが、彼らは知らん顔。長年の友だち二、三人が「お誕生日よねえ」と電話をかけてくれたのが、せめてもの救いだった。

だが、そろそろアラセブ（！）のLさんは、「これがトシをとることの現実」と冷静に受けとめている。

百貨店のファッション関係のバイヤーとして、現役時代は欧米を飛びまわっていたLさんは、仕事にのめり込みすぎて、生涯を誓いあった恋人もいたのだが、とうとう結婚のタイミングを逃してしまった。

恋人は、親が亡くなると家業を継ぐといって故郷に帰り、一年ほどはLさんを待っていてくれたのだが、結局、土地の女性と結婚するといってきた。もうウン十年も昔の話。

誕生日の夕暮れ時など、すっかり忘れていたはずのかつての恋人のことが思い出され、ちょっとやりきれない気持ちになったりすることもある。

だからこそLさんは、友だちや知り合いの誕生日など記念日には、欠かさずカードを送ることに決めている。とくにひとり老後の友だちには、どんなことがあっても忘れないようにしているという。

「どうして誕生日がわかるの？」と、疑問に思う人もいるだろう。だが、ふだんのおしゃべりで気をつけていれば、けっこう誕生日や記念日を口にすることはあるものだ。

たとえば、雑誌の星座占いなどを見るときなど、「私は九月六日生まれだから、乙女座ね」とか、メンバーズカードがあるお店で一緒に買い物をしたときなど、「私、今月生まれなの。一二日がバースデイ。だから、私の誕生日割引で一緒に会計すると、五パーセントお得になるわよ」という具合にである。

そんなとき、Lさんは素早くメモをしておく。レシートやコースターなどにメモすることが多いが、なにもないときは、手に小さくメモすることもあるそうだ。そして、相手と別れてから、電車の中で、あるいは帰宅するとすぐに、手帳のその日にちに「○○さん、誕生日」と書き込んでおくのである。

翌年からは手帳を新しくするとき、それぞれの誕生日や記念日を書き移しておく。

同時に、「今年はおれも古希《こき》だ。もっとも、いまどき七○歳なんて、古来希《こらいまれ》なんて、石を投げればすぐに当たるぐらいウヨウヨいるけれどな」などという会話から、相手が賀寿を迎えるということがわかったら、それもメモをしておく。

贈るのは、原則的にカードと決めている。だから、日ごろからカードの専門店をのぞいたり、展覧会などイベントの売店などで、相手の趣味に合いそうなカードを見つけておく手間を惜しまない。

ネコ好きにはネコをあしらったカードを、オペラが好きな友だちにはオペラシーンのカードを、ＳＬ好きな知人にはＳＬがダイナミックに走る光景をあしらったカードを届けるのである。

相手は、自分の誕生日を覚えてくれたうえに、好きなものまでちゃんと覚えていてくれたことに大感激。いっぺんにＬさんの好感度は急上昇ということになる。

ひとり老後になると、正直なところ、現役時代のように交際費にもそんなにお金はかけられない。ブーケやケーキを贈ろうとすれば何千円もかかるが、カードならせいぜい数百円プラス切手代ですむ。

カードを買い忘れたという場合は、インターネットで誕生日カードを贈ることもできる。これなら、コストはほとんどなしに等しい。それでももらったほうは、けっこう感激するものだ。

タイムリーなカード戦法。低予算で絶大な効果をもたらすことを保証しておく。

◆夢中になれるものを一つ持つ

笑う哲学者として、また週刊誌に軽妙なエッセイを連載しているのがお茶の水女子大学教授の土屋賢二《つちやけんじ》さん。趣味はジャズピアノだというから、ちょっと驚く。

若いころから、ジャズが好きでたまらなかったという土屋さんは、「四〇の手習い」でピアノを習い始め、無我夢中で練習を重ねているという。ついには、同年代の仲間とバンドを結成。ときどき演奏会も開いているというから本格的だ。

土屋教授より、もっとうわてのひとり老後の友人がいる。彼は六〇歳で定年退職を迎えると、まったく想定外だったが、妻に突然、別れてくれと切り出された。

最初は大きな衝撃を受けたが、一緒に暮らす気のない人間と一つ屋根の下に暮らす息苦しさを思い、あっさり離婚届に判を押したところ、かえってサバサバした気持ちになったのには、自分でも驚いたという。

ひとり暮らしの時間をもてあましていたのも、ほんの少しの間だけだった。やがて、なにかやりたい気持ちがムズムズと頭をもたげてきた。そこで彼が始めたのが、若いころに夢中になっていたジャズバンドの再結成だった。

学生時代のバンド仲間に声をかけると、多くは定年退職しており、同じく時間をもてあましていた。渡りに船とばかりに、すぐにバンドを再結成。現在もスタジオを借りて練習している。

みんな年金暮らしだから、小づかいにまわせる金額は知れている。スタジオを借りる費用はワリカンだから、正直、月二回がほどよいところだ。おたがいに無理はしないことも取り決め事項の一つにしている。

腕前のほうも、昔取った杵柄《きねづか》といいたいところだが、正直、腕はだいぶどころか、がったり落ちている。すでに再開後二年ほど経過しているが、ジャジャカジャジャーンと稲妻を連想させるような、若き日のダイナミックな演奏には、まだ遠く及ばない。

ただ、シニアの趣味はそれで十分ではないか。はっきりいって、人に聴かせようというような野望はもうなくてよい。ただ自分が徹底的に楽しめれば、それで御の字だと思う。

この友人もジャズを再開してから、どこか存在感が違ってきた。なんとなく輝きがあるのだ。夢中になっているものがあると、老いはどこかに吹っ飛んでしまうのだろう。

しかも若いときと違って、いまはたっぷりすぎるほど時間がある。その時間を注いで、趣味の世界をどんどん深く掘り下げていくことができるのも、シニアの趣味の特権といえるかもしれない。

彼らも練習の間の週には、おたがいの中間地点にあるファミレスに陣取って、ドリンクバーの安コーヒーを飲みながら、ジャズの歴史の勉強会を始めている。翻訳されている本だけでは物足りなくなり、次は、英語の原書にチャレンジしようというからすごい。

まだ夢物語の域を出ないが、そのうちデキシーランドジャズの聖地ニューオリンズに行ってみようとか、ジャズに関する本を書き、仲間で自費出版しようなどと、話はどんどんふくらんでいる。

このように、なにか一つ夢中になれる分野があると、そこから糸を紡ぎだすように、世界はどんどん広がっていく。そして、世界が広がれば、それだけ出会いも増え、友だちも増えていくという、プラスの循環回路を描くようになっていくものなのだ。

そうはいっても、いまさら夢中になるものなんか、オレにはないという人は、夢中になること、生きがい探しなどをご大層なものだと考えすぎているのではないだろうか。

競馬でもゴルフでもかまわない。温泉好きなら、日本中の秘湯を入りまくるぞでもいい。ビールが好きなら、地ビールのコレクションをするという手だってある。

人生八〇年時代だ。六〇歳で定年を迎えてからでも、平均二〇年以上の余命がある時代なのだ。これまでまったくやったことはないけれど、ちょっと興味がある。そういうことがあったら、どんどんトライしてみることだ。

国立劇場の正面ホールに「鏡獅子」の彫像が飾られているが、この作品を彫りあげた平《ひら》櫛田中《くしでんちゅう》は、一〇〇歳を迎えたときに、木彫の材料になる直径二メートルもあるヒノキ材をむこう三〇年分、買い込んだことで知られている。

「六〇、七〇、洟《はな》たれ小僧。男盛りは一〇〇から、一〇〇から」がログセだった田中は、一〇〇歳を迎えたときもけっして手を休めることなく、「まだまだ仕事が残っている」といっていた。

その言葉を実証するように、大枚をはたいてヒノキ材を買い込んだわけである。

結局、田中は一〇七歳で大往生。七六歳で妻を失い、残りの三一年はひとり老後を貫き通した。

田中の言葉を借りれば、定年後といってもまだまだ洟たれ小僧なのだ。いまからだって、なんでもできる。言い出しっぺになり、まわりに声をかけると、みんなが喜んで指にとまり出す。ダメもとで言い出しっぺになってみよう。

◆身だしなみは自分の心を映し出す

若い人の中には、高齢者を敬《うやま》うどころか、明らかにさげすむ、あるいは拒《こば》むような目で見る人がいる。理由を聞くと、「年寄りはキタナイ」といったりする。

これはこれで偏見だと思うが、百歩譲って、高齢者はできるだけ身ぎれいにするように努めたほうがよいと申し上げたい。

シワや白髪、体型の崩れは、程度の差こそあれ、誰にでも訪れる「オールド・エイジ」の宿命である。けっして恥じたり、引け目に思う必要はないが、だからといって、清潔さに気をつかわなくなったり、身なりにかまわなくなったりすると、いっそう汚い印象になりかねない。

ひとり暮らしだからといって、着るものに無頓着で、ひどい場合には、朝、起きていつまでも顔を洗わない、あるいは、髪も乱れたままというようでは、やがては生活も乱れていってしまうものだ。

むしろ、ひとり暮らしだからこそ、清潔に身辺を整えることに気をつかうようにしたほうがいいのである。

朝、起きたら、男性なら必ずヒゲをそり、こざっぱりした服装をするようにしよう。女性は簡単でいいので、メイクアップを忘れたくないもの。

資生堂の調査によると、老人ホームの入居者にメイクアップをすると、表情が豊かになり、それだけで脳が活性化されるという。認知症の人でも症状の改善が見られるそうだ。

洋服もこまめに洗濯し、きちんとアイロンのかかったものを着るようにしたい。

「身だしなみは自分の心を反映するものです。寝間着姿や帯が半分ほどけていたり、髪が乱れ、顔が汚れていたり。そういうだらしなくて見苦しい格好のときは、きれいでまっすぐな心を保つことはできません」

戦後、初の衆議院選挙で女性として初当選を果した女性解放運動家の加藤シズエさんはこう述べている。

一〇四歳という長寿をまっとうした加藤さんは、この言葉どおり亡くなる少し前まで、おしゃれ心を忘れたことがない方だった。晩年は車椅子生活になったが、車椅子もおしゃれな色彩のものを好んで使っておられ、つねに身ぎれいに装っておられた。

「私、死なないような気がするのよ」

九〇代半ばでなお、こういっていた作家の宇野千代《うのちよ》さんは、一〇〇歳の誕生日に着る振り袖のデザインをみずから手がけ、あでやかに桜模様を染め抜いた着物をつくっていた。結局、その少し前の九八歳で永遠の旅立ちをしたが、振り袖は棺をおおい、最後まで華やかに装うことを愛した宇野千代さんの心意気を伝えていた。

男性でも、三〇年くらい前に一世を風靡《ふうび》したコラムニストの植草甚一《うえくさじんいち》さんは、ジャズ好きだったこともあり、モダンタイムスの世界から抜けだしてきたような、独特のおしゃれを楽しんでいたことで知られている。

◆なにもしない時間を楽しむ

シニアはなにか趣味を持とう。生きがい探しを始めよう。第二の人生、大学に再入学したり、通信教育や放送大学など、新たな課題を追求するのもいい。こう主張する人も多い。アクティブに老後を過ごすこと、そうした精神を失わないことは、たしかにとても大切だ。だが、矛盾するようだが、老後になってまで焦《あせ》ったり、慌てたりする必要はないという考え方もある。

子どものころは、勉強、勉強と追い立てられてきた。社会に出てからは、仕事に追われる毎日だった。そんな半生を送ってきたからか、日本人は休日や老後になっても、のんびりと時間が過ぎるのを楽しむことは、どうも不得意のようだ。

たとえば、休日に旅行を楽しむとしよう。日本人は目的地に着くやいなや、ホテルに荷物を置いて、あたふたとオプショナルツアーなどに出かけていく。

一方、欧米人は、ホテルのプールサイドなどで、のんびりペーパーバックの本などを読み、カードや絵はがきを書いて過ごす人が少なくない。ホリデー旅行は心身ともに休むことが目的だと思っているのである。

定年後の人生の過ごし方についても、日本と欧米では大きな違いがある。欧米人は、定年後はせいぜい庭仕事に精を出すくらいだ。あとは本を読んだり、うたた寝したり、気ままな日々を過ごすだけ。それで十分満足できる。いや、そんな老後を送れるように、現役時代に備えを固めておくことが、彼らの人生の成功モデルなのである。

Nさんはテレビ局の名プロデューサーとして辣腕《らつわん》をふるった人で、定年を迎えると聞くと、第二の職場としてさまざまな方面からオファーが殺到した。テレビ番組の制作ばかりでなく、専門学校の講師や政党の広報など、ちょっと面白そうだと心引かれるものもないではなかった。

しかし前々から、定年後はなにもしない「晴耕雨読《せいこううどく》」の日々を送るぞ、と決めていたので、断固その考えを通し、いまではまったくなにもしていない。

一人息子はすでに独立し、おまけに海外で仕事をしている。妻は夫の定年を待たず、短い闘病であっけなく旅立ってしまった。Nさんが第二の仕事に積極的になれないのは、こうしたバックグラウンドがあるのかもしれない。

幸い不動産不況と定年退職時が重なり、中古の別荘を驚くほど低価格で手に入れることができた。その中古別荘をコツコツと一人で手入れし、住み心地よく整えると、東京の家と行ったり来たり。ときには車を運転していくこともあるが、たいていは高速バスを利用する。別荘地での移動は、もっぱら自転車だ。

そして、気が向けば本を読み、本に飽きればただのんびり野道を歩く。夜は軽く酒を飲み、眠くなれば何時だろうと寝てしまう。目が冴《さ》えていれば、レンタルＤＶＤで古い名画を見たり、ふたたび本を読む……。

まさに、「悠揚《ゆうよう》として迫らず」を地でいくライフスタイルだ。

本は、現役時代に古本屋通いをして、どっさり買い込んである。アラビアのロレンスで知られるT・E・ロレンス著の『知恵の七柱』(平凡社)や、アラン・ムアヘッドの『青ナイル』『白ナイル』(いずれも筑摩書房)など、時間をたっぷりかけて読みたい本が、まだまだ未読で残っている。

不思議なもので、こうした暮らしを送っていることを知って、学生時代の先輩や同級生、仕事時代に出会ったいろんな人たちが、「一回お邪魔してもいいかな」と電話やメールを入れてくる。いうまでもなく、ウエルカムだ。

だがNさんは、遠来の友が訪ねてきたからといって、特別なことはなにもしない。冷蔵庫の中のものを好きに使ってくれ、というだけ。気が向けば、友だちとバーベキューをしたり、鍋を囲んだり、そこらまで足を伸ばし、土地の料理を食べにいくこともある。ときには友だちが食料品を持ち込み、男の手料理を振る舞ってくれることがある。

だが、適度に放っておかれる暮らしは、あんがい心地よいようで、いまではときどき顔を見せる友だちや仲間がけっこう増えてきた。

特別なことはなにもしない、ただゆったりとした時間を過ごす。こうした老後も、なかなかに味わい深く、かえって貴重な選択だといえるかもしれない。

◆最低限の大人のマナーを身につける

生牡蛎がおいしいシーズンに、みんなでランチをと入ったお寿司屋の「今日のおすすめ」ボードに、三陸・生牡蛎入荷！　の文字が躍っていた。

懐《ふところ》ぐあいは十分とはいえないという仲間だが、「初物だわ」「今日だけ、ぜいたくしちゃお」などと少しはしゃいで、ランチの握りのほかに、生牡蛎を注文しようということになった。

ところが、ひとりが「私、生牡蛎って、絶対ダメなの。何年か前ね、それは食わず嫌いだよ。一度、食べてごらんなさい。きっと、大好きになるから、といわれて、一度だけ食べたことがあるのだけど、やっぱりダメ。口中が生臭くなっちゃって。どこがおいしいのか、私にはわからない」といい出した。

せっかく、生牡蛎に舌鼓を打とうとしていた仲間の気持ちなんか、気にもとめていない様子なのだ。

さすがにシニア仲間は、こんなへそ曲がりのいうことなんか気にとめず、その人以外はみんなで生牡蛎を注文。大きな口でかぶりつき、潮の香りに満ちた味を堪能した。

ときどき、ところかまわず、「あれはイヤ」「これもキライ」を口にする人がいる。いうまでもなく、これはルール違反だ。仲間と一緒にいる席で、自分の好みをことさらに主張するのは、社会人としてのマナー失格といっても言い過ぎではない。

とくに、「○○は大キライ」と眉をしかめたりすることは絶対に戒めよう。食べ物だけでなく、タレントやスポーツ、テレビ番組などの話をする場合ももちろん同じである。

好き嫌いは一〇〇パーセント、その人の自由。「蓼《たで》食う虫も好き好き」の言葉もある。はた目にはどんなに奇妙に見えても、好きなものは好きでいいのだ。

といっても、自分の好きなものを頭ごなしに「キライ」と宣告されると、誰でもいい気持ちはしないものだ。「好きだ」というのはけっこうだが、「キライ」というのは、できるだけ控えたほうがいい。

なにも相手に合わせて、キライなものを「好きだ」といいなさいというわけではない。黙っていればいいだけの話だ。もし、目の前にキライなものを出されたら、手をつけなければよい。さらにすすめられたら、「ちょっと苦手なの」と軽くかわしておけば、誰もそれ以上、無理強いしない。これも、大人のマナーである。

ある会合で知り合い、意気投合した知人と二人で食事をする機会があった。献立表を見て、それぞれが好みのものを注文したのだが、相手の選択にはほとんど魚介類が入っていない。たまたま新鮮な魚を食べさせるので評判の店に案内したので、「ここはお魚がおいしいんですよ」と言葉を添えた。

すると相手は、子どものころに魚アレルギーがあったため、いまではアレルギーは起こさなくなったのだが、基本的にあまり魚は得意ではないという。

それまで何回も、仲間と食事を一緒にすることがあったが、まったく気づかなかった、といったら、「私は、どのお店でも誘われたところに一緒に行くようにしているのよ。どんなお店にも、私が食べられるものは必ずあるから大丈夫なの」と静かに笑う。そして、みんなが楽しんでいる気分を一緒に味わうほうが、ずっといいというのである。

もう、いい年をしているのだから、仲間とつき合うときには、このくらいの気づかいができるようになっていたいものだと思う。

営業職が長かった別の知人は、サラリーマン時代、得意先の人に誘われれば、どんなものでもおいしそうに食べてみせる演技力を身につけたと胸を張っている。さすがに、すっぽんの生き血を飲まされたときはきつかったが、逆に、イメージだけでキライだと決めつけていたものでも、口にしてみると意外においしく、それ以後は好物になったものも少なくなかったそうだ。

フランスの美食家で知られるブリア・サバランは、その著書『美味礼賛』（岩波書店）の中で、「新しい美味の発見は、新しい天体の発見以上のものである」といっている。「キライ」を連発している人は、永遠に「新しい天体」との遭遇は望めない。

考えようによっては、これほどもったいない生き方はないと同情したくなる。

◆一期一会。「さようなら」のあとに余韻を残す

友だちと何時間か、とても心豊かな時間を過ごした。さて、その心地よさをいつまでも相手の心の底に響かせるような、別れの挨拶ができるかどうか。シニアの友だちづき合いでは、これが非常に大切になる。

人生、先のことはわからない。「明日ありと思う心の……」ではないが、突然、病に倒れたり、最悪の場合は次に届いたのは訃報だったというようなことが人生にはつきものだ。

とくにシニアになったら、そんなことがあっても驚くにはあたらない。

そんなときに、前回、会ったときに気まずい別れをしてしまったというようなことがあると、いつまでも心残りになってしまう。

一期一会。今生《こんじょう》でお会いするのは今日かぎりかもしれないという思いは、シニアの人間関係では、とりわけ心に刻み込んでおいたほうがよい。

会っている間に、気持ちの行き違いがあったりしたら、けっしてそれを次まで持ち越すことがないように、きれいに解消しておこう。なに、気持ちの行き違いを解消するのは、実は簡単なのだ。内心、自分は悪くないと思っているほうが先に頭を下げて、お詫びの言葉を口にすればいいのである。

いい年をした大人どうしだ。実は、なぜ気持ちがこんがらかってしまったかは、どちらもよくわかっている。どちらかがちょっと突っ張り過ぎてしまい、もう一方は、その突っ張りを軽くいなすことができず、もろにぶつかり合ってしまった。

だいたいはそんなところであるはずだ。

それなのに、突っ張ってしまったほうでない側が先に謝った。そうすれば、もう一方も「いいえ、いい過ぎたのは私のほうで。本当にごめんなさい」と素直に言葉が出てきて、最後は笑顔でシャンシャンとなる。

また、「さよなら」の言葉のあとにひと言、心に余韻を響かせる言葉を加えるセンスもほしいものだ。

「さようなら、今日は本当に楽しかった！　ありがとう」

「さようなら、また、ぜひお目にかかりましょうね」

「さようなら、今度、お目にかかるときには、あなた、おばあちゃまになっているのね。ぜひ、お話を聞かせてくださいね。楽しみにしていますす」

「さようなら、ご活躍、お祈りしていますね」

「さようなら、また絶対、お目にかかりましょうね」などなど。

ただし、長々とした挨拶はいらない。別れぎわにいつまでも頭を下げあって、延々と儀礼的な挨拶を繰り返しているのは、かえって垢抜けした印象を与えないものだとわきまえておきたい。

◆「老いらくの恋」がもたらす魅力

大西良慶《おおにしりょうけい》師は京都・清水寺の貫主《かんじゅ》。いうまでもなく、仏教界の大重鎮だ。

実に、大正年間から六〇年近くも清水寺で説法を続けたそうだが、「うらぼん法話」と呼ばれるその説法は、まさしく粋《すい》も甘いもかみわけた説法として、絶大な人気を博していたという。

それも道理で、良慶師は京の祇園通いが大好きで、八〇歳を超えても、「祇園ちゅうのはおもろいところやなぁ」といっていたそうだ。

かなりの高齢になっても楽しんでいたことはたしかだといってよいだろう。遷化《せんげ》されたのは一〇七歳。いかに生命力が旺盛であったか、ということだ。

老いらくの恋という言葉もある。

この言葉は、歌人の川田順《かわだじゅん》(明治一五~昭和四一年)が、シニアになって著名な大学教授の夫人と恋に落ち、大きな話題になったときに、「墓場に近き老いらくの恋は怖れるものなにもない」と書いたことに由来するそうだ。

川田がいうように、老境《ろうきょう》に入った年代こそ、世間のしがらみなど何も気にせず、自由に恋を謳歌《おうか》できる年代だという考え方もあるということだ。

シニアになったら、もう色恋は卒業すべし、なんて決まりはどこにもない。それどころか、男も女も灰になるまで、異性を引きつける魅力は持っていたいと思う。男性なら、多少エッチだったり、女性なら、いくつになってもちょっと色っぽいところがある人は、ほとんど例外なく、人間としても人を引きつける魅力に富んでいる人だといえる。

九六歳で人生に幕を引いた森繁久彌《もりしげひさや》さんは、若いころ、黒柳徹子《くろやなぎてつこ》さんに「一度、どうですか?」と声をかけたことがあるそうだ。まだ、若かった徹子さんは、その意味がわからず、「ええ、そのうちに」と答えたというが、それ以後、おたがいにシニアになっても、機会があると、「一度、どうですか」と声をかけ続けたという。

さすがに、そのうちその言葉の意味がわかってきた徹子さんは、「ええ、そのうちに」ともいえなくなり、しまいには黙って笑っているだけにした、という。

もちろん、半ば以上はユーモアのセンスからだそうだが、底にわずかに本気がまじっていたような気がしてならない。

最近は、老人ホームでも「恋愛は自由」という方針を打ち出すところが出てきているそうだ。異性を引きつける人、引きつけられる人は、いくつになってもみずみずしい感受性を失っていない。恋をすることによって、涸れ果てたように見えた感受性が、ふたたび旺盛によみがえることも少なくないのである。

ちなみに、北欧では公的な老人ホームにも、美容室が設けられているのが当たり前だ。ヘアを整えるだけではなく、マニキュアなどもやってくれる。

さて、日本の特養ではどうだろうか。

ゲーテは八〇歳近くになって、六〇歳も年下の一七歳の少女・ウルリーケ・フォン・レヴェツォーに熱烈な恋をしている。その数年前に妻を亡くしたゲーテは、親交の深かったザクセン・ワイマール公国のカール・アウグスト公を通じて結婚を申し込んでいるから、不倫や火遊びではない。それどころか、ゲーテ自身は本気だった。

このプロポーズは断られてしまったが、ゲーテはこの失恋から、「マリーエンバート悲歌」などの詩を書いている。

日本にも、老いてなお恋心を途絶えらせることのなかった人がいる。国文学者の物集高量《もずめたかかず》さんがその人だ。七八歳で妻に先立たれ、一〇六歳まで三〇年近くもひとり老後をたっぷりと楽しんだ。その間、いくつもの恋をしていたことは、よく知られている。

「恋をすると、身内から熱くこみあげてくるものがあるでしょう。あれがいいんです。この女をぼくに惚れさせようなんて思うと、エネルギーが湧いてくるんです」

一〇〇歳を過ぎたとき、三四人目の恋人と公然と言い放つ存在がいた。彼女は二六歳だったというから、ゲーテといい勝負である。

ゲーテや物集さんに負けるなと、はっぱをかけるわけではないが、いくつになっても、ちょっとしたしぐさに女らしさ、男らしさが匂う人は、同性にとってもたまらなく魅力があるものだ。

具体的にいえば、きれいな人やイケメンに会ったら、心がちょっとときめく。そういう気持ちをなくさないでいたいのだ。相手はタレントでも歌手でも、韓流スターでもいい。ときめく心があれば、それはもう立派な恋といってよい。

◆死を悠揚迫らずに受けとめる

知人からメールが届いた。大学を卒業してから「半世紀」を記念した集まりに行ってきたら、五〇人ほどのクラスメートのうち、一一人がすでにこの世からあの世に居を移していたという。シニアになると、友の訃報が届くことも増えてくる。

それまで苦楽を分けあい、ことあるごとに共に語り、あるいは、ただ楽しく飲み、語らった友と、もう二度とそうしたことができなくなる。これほど無念で、これほど残酷なことはない。

だが、死は誰もが避けることができないものだ。ましてシニアになると、死はけっして遠いものでも、無縁なものでもなくなってくる。

その衝撃は十分わかるが、だからといって、友の死にことのほか大きな打撃を受け、うちひしがれてしまうという態度は、はたの者にも同じくらいの打撃を与えるものだと心得るべきだと思う。

少なくとも人の前では、死を泰然と受けとめられる、そんなシニアを目指したいと、私は思っている。

知人の女性があるとき、こういった。

「ときどき、神様をちょっと怨みたくなることがあるのよ。私は、大事な人がどんどん先に逝ってしまう運命なの」

たしかに、彼女は人の縁の薄い人だといってもよいかもしれない。二度も流産をしたすえ、子どもにはついに恵まれなかった。理想的な友だち夫婦だった同い年の夫は、四九歳でこの世を去った。無二の親友までもが六〇歳を待たずに、あっけなく逝ってしまった。両親もすでにこの世にない。

だが、いくつかの大事な人との別れを経験しているうちに、死はけっして別れではない、という確信を抱くようになったという。

「最近は、ふとした瞬間に亡くなったはずの夫や親友の存在を、とても身近に感じることがあるんです。妙な言い方ですけど、生きているときよりも、ずっと近い存在になっているんですね。夫や友だちだけじゃなく、亡くなった両親とも、よく心の中で話をすることがあるんですよ」

彼女にいわせると、亡くなった友だちは生きている友だちよりもずっと関係が濃く、深いという。なにしろ自分が必要とするときには、いつでも心の表層に現れてきてくれるのだから。

彼女は早々と亡くなった友だちに、「あなたはずるいわ」というのだそうだ。まだまだ自分に勢いがあるうちに、強引に人生にピリオドを打ってしまった。年をとっていくことの寂しさも心細さも切なさも経験しない生き方を選んでいった。だが、だからこそ、老後を過ごす自分の最良の話し相手になってくれるのではないか。

心の内なる会話に登場する彼や彼女は、いつまでも若く、老後の自分をよりしっかりと受けとめ、支えてくれていると実感できるという。

評論家の丸谷才一《まるやさいいち》さんは、稀代の挨拶上手と知られている。すでに八〇代に足を踏み入れているはずだから、弔辞や偲ぶ会などで挨拶することも多いが、その挨拶はたいてい、「いずれ、そのうちゆっくりと話をしませう」と終わることが多いそうだ。

本当に、亡くなった友人にまた会えるのかどうかは、誰にもわからない。だが、死んだ友はいつも自分の中にいる。そして、自分を見ていてくれると考えることができる人は、はたの者にもほっと安らぎを感じさせる。

あるいは「ペットロス」の喪失感も、気持ちはわからないではないが少々情けない。死を悠揚と受けとめて、自分はまだ残された生を精いっぱい生きていく姿勢を失いたくはない。

親しい友や大事な存在を亡くす。シニアの友だちづき合いでは、そんな場面に出会うことも増えてくる。そうした友を慰める方法はただ一つだ。

機会をつかまえ、友を固く抱きしめる。饒舌な慰め言葉はいらない。ただ抱きしめる、それですべてが伝わっていくものだ。

◆いまを最高とする生き方

欧米では女性に歳を聞くのは、もっとも失礼なことの一つとよくいわれる。だが、私の知るかぎり、外国人のほうが年齢に対してオープンであり、正直だ。

ただし、年齢を尋ねるときにはそれなりのマナーがある。

〝May I ask……?〟

つまり、「年をお尋ねしてもよろしいですか？」のように尋ねるのである。女性に対してだけではない。男性に対してでも、とくにシニアであれば、こう尋ねる。

このとき、ストレートに「六三歳よ」と答えるのも、もちろんけっこうだが、おしゃれな答え方は、

〝Can you guess……?〟

「当ててみてください」とか「さあ、いくつだとお思いかな」。答えるほうは、自分が思った年齢より、いくぶん若めに答えるのが暗黙の心づかいというもの。六〇過ぎだなと思ったら、「もちろん、まだ六〇前ですよね」という具合にである。

よく、「失礼ですが、おいくつですか？」と年齢を尋ねる人があるが、これは本当に失礼だ。「失礼だと思うくらいなら聞くな」とへそを曲げたくなってしまう。

とまあ、年齢の尋ね方についていろいろ書いたが、映画を一〇〇〇円で見られる年齢になったら（つまり六〇歳を超えたら）、それこそ、いい年をして年齢を隠そうとか、ごまかそうなどと姑息なことはしたくない。

「女性は四〇歳を過ぎたら、オーバー・フォーティよと答えればいい」ともいう。だが私は、正直に胸を張って、自分の年齢を正しく、はっきり答える人のほうがずっと好感を持てる。

人間にとって、もっとも平等なことは、誰でも同じペースでトシをとることだ。一年たてば一歳、トシが増える。問題は何歳かということよりも、何年生きたか、その年数にふさわしい人生を生きてきているか、ということではないか。

鏡の中の顔に少々シワが目立とうが、それは仕方がない。人生の勲章よ、などと言い換える必要もないと思う。シワはシワ。老いの証だ。

だが、心にシワが寄っておらず、たるみも出ていなければ、それで立派だと思えばよいのだ。

九八歳まで現役で研究を続け、近代植物学の父と呼ばれた伊藤圭介《いとうけいすけ》は、「わが姿、たとえ翁と見ゆるとも心はいつも花の真盛り」と、よくいっていたという。

いまがいちばんいい。いまを精いっぱい生きていれば、いまの自分の生命に、自然に感謝の気持ちが湧いてくる。

いまを最高とする生き方をしていれば、いまある自分に満足できる。誇りを持てる。感謝もできる。そのうえ、幸せな人はまわりの人にも幸せをどんどん振りまいていく。

いうならば、幸せの渦のまん中に、台風の目のように、あっけらかんと、なにごともないような自然体で、大らかに、あるがままの日々を生きている。

そんな、ひとり老後を生きられたら、最高ではないか！

そんな人は、ひとり老後といっても、たくさんの友がいて、ひとりであって、けっしてひとりではないというたくまざるデリケートなバランスの中で、心地よく、いさぎよく、あるがままに老いを進めているはずだ。

巻末資料

「友だちづくり、学習に役立つ」団体の連絡先

高齢者の友だちづくりを考える場合、いろいろな講座に参加し、趣味などを通じて仲間づくりをすることがあります。また、ボランティア活動を通じて友だちをつくるという方法も考えられるでしょう。仲間づくり、友だちづくりの意欲を大いに燃やしてください。

■公開講座・オープンカレッジ

講座は、通信教育のほかに、カルチャーセンターや各地の自治体が主催するものが多い。さらに、「オープンカレッジ」「エクステンションセンター」などと呼ばれ、大学が市民一般に広く開放している公開講座がある。講座内容は大学によって異なるが、語学、社会人向けのビジネス系、資格実務、文学や暮らしに関する文化講座などのほかに、無料の公開講演会・公開シンポジウムなどもある。

期間は、一日で終了する講座から数か月にわたって受講する講座などさまざまで、学歴や年齢などに関係なく、多くの人に勉強の機会を提供し、生涯学習のニーズに応えている。公開講座は、各大学のホームページに紹介されている。

■**社会福祉法人　全国社会福祉協議会（社協）**　http://www.shakyo.or.jp/

全国的なネットワークを持つ民間の組織。福祉関係者などに支えられた公共性もある。全国の市区町村・都道府県に設置されている。社協が展開する「ボランティア活動振興センター」はボランティアの総合窓口。ボランティアコーディネーターがおり、活動に参加したい人とボランティアを必要とする人の相談受け付けから、情報提供、ボランティア活動の募集、関係団体との連絡や調整まで一手に引き受けている。

■**社団法人　日本国際生活体験協会（EIL）**　http://www5a.biglobe.ne.jp/~eil/

ホームステイを通じて国際交流をはかる、教育交流を主体とした非営利法人。現在、世界二三か国が加盟し、グループあるいは個人の外国におけるホームステイを中心としたプログラムを実施。シニア向けにも、個人ホームステイや語学留学をサポートするプログラムがある。また、海外からの留学生を受け入れるホストファミリーの募集もしている。

保坂　隆（ほさか・たかし）

東海大学医学部教授（精神医学）。

日本総合病院精神医学会理事、日本サイコオンコロジー学会理事、国際サイコオンコロジー学会理事、日本ヘルスサポート学会理事。日本スポーツ精神医学会理事。日本医師会健康スポーツ医。日本体育協会認定スポーツ医。慶應義塾大学医学部卒業後、同大学精神神経科入局。1990年より2年間、米国カリフォルニア大学へ留学。93年東海大学医学部講師、2000年、助教授、03年より教授。

主な著書に『「ひとり老後」の楽しみ方』（監修、経済界）、『「A型行動人間」が危ない』（日本放送出版協会）、『「プチストレス」にさよならする本』『「プチ楽天家」になる方法』（以上監修、PHP研究所）、『「頭がいい人」は脳をどう鍛えたか』『「頭がいい人」の快眠生活術』『「頭がいい人」は脳のリセットがうまい』『「頭がいい人」のメンタルはなぜ強いのか』『「頭がいい人」は脳のコリを上手にほぐす』（以上編著、中公新書ラクレ）などがある。

リュウ・ブックス
アステ新書

RYU BOOKS ASTI

毎日が笑顔になる「ひとり老後」の始め方

2010年3月10日　初版第1刷発行

監　修　保坂　隆
発行人　佐藤有美
編集人　渡部　周
発行所　株式会社経済界
〒105-0001　東京都港区虎ノ門1-17-1
出版局　出版編集部☎03-3503-1213
出版営業部☎03-3503-1212
振　替00130-8-160266
http://www.keizaikai.co.jp

装幀　岡孝治
表紙装画　門坂流
印刷所　（株）光邦

ISBN978-4-7667-1085-4
© Takashi Hosaka 2010 Printed in Japan

シリーズ累計100万部突破！

話し方研究所会長 **福田 健** のベストセラー

人は「話し方」で9割変わる

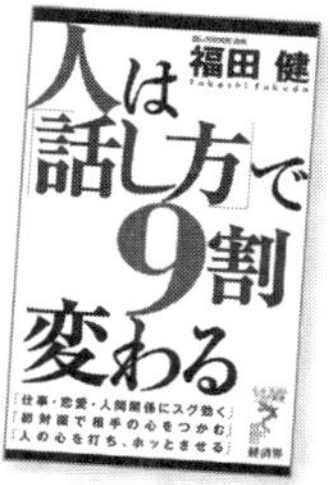

- 仕事・恋愛・人間関係にスグ効く
- 初対面で相手の心をつかむ
- 人の心を打ち、ホッとさせる

女性は「話し方」で9割変わる

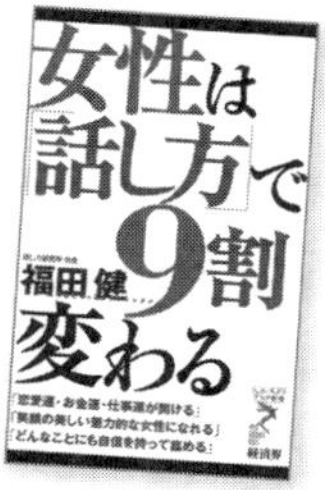

- 恋愛運・お金運・仕事運が開ける
- 笑顔の美しい魅力的な女性になれる
- どんなことにも自信を持って臨める

子どもは「話し方」で9割変わる

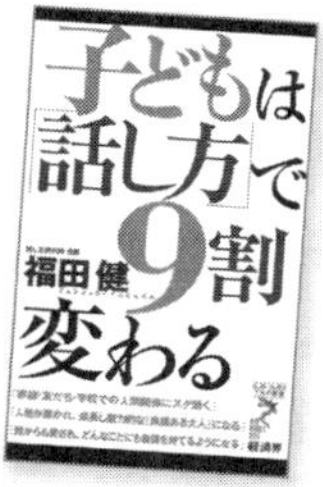

- 家庭・友だち・学校での人間関係にスグ効く
- 人格が磨かれ、成長し魅力的な「良識ある大人」になる
- 誰からも愛され、どんなことにも自信を持てるようになる

リュウ・ブックス　アステ新書　定価 各800円＋税

シリーズ第1弾
絶賛発売中！

「ひとり老後」の楽しみ方

人もうらやむ“元気・安心暮らし”

保坂 隆 監修

定価800円＋税

幸せな人生を開く
基本法則とは？

①「孤独」ではなく、「自立」をめざす
②妥協しない自分流の生活スタイルを確立する
③積極的な「友活」で友人を増やす
④がんばらないで、なるべくラクを心がける
⑤「お金持ち」より「時間持ち」になる

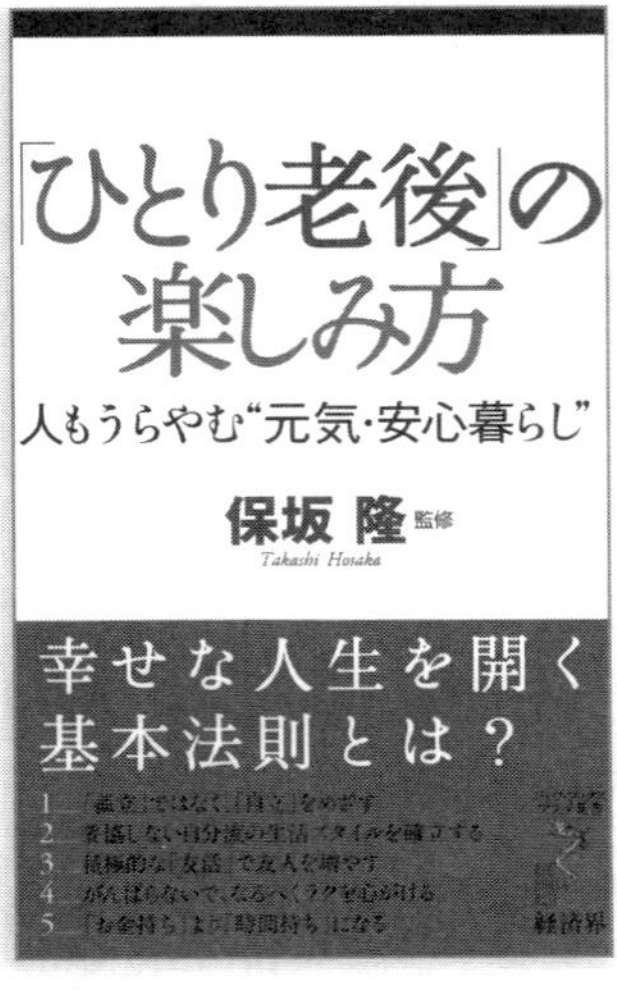